유일한을 기억하다

유일한을 기억하다

한 민족기업가의
담대한 삶, 그리고
그를 기억하는
28명의 이야기

민석기 지음

중앙books
JoongAng Ilbo

교육을 통해서만이 나라를 부흥시킬 수 있다는 생각으로 교육사업에
헌신한 유일한 박사. 그가 생전에 유한공업고등학교 졸업식장을 찾은
모습이다. 수업시간에 조용히 교실 뒷문으로 들어와 학생들의 머리를
쓰다듬고 가던 유일한 박사는 유한공고 학생들을 무척 아꼈다.

"
내가 모은 재산은 모두

여러 사람을 위하는 일에

쓰여야 합니다.
"

두 번의 놀라움이었다. 우리나라에도 정말 이런 분이 존재했다는 사실과 이런 분을 우리가 너무나도 모르고 있다는 것을 말이다. 고 유일한 박사와 그의 후예들에 대한 스토리를 책으로까지 만들게 된 것은 우연히 시작됐다.

　지금으로부터 한 4~5년 전쯤만 해도 유일한 박사는 사실 저자에게 큰 관심이 없었던 인물이었다. 그에 대해 아는 것이라곤 기껏해야 '유한양행 창업자'라는 것과 '전 재산을 기부한 기업인'이라는 것 정도에 불과했다. 주변 사람들에게 유일한 박사에 대해 물어봐도 별반 다르지 않았다. 어려움을 극복하고 자신의 꿈을 이뤄 나간 수많은 위인들의 이야기는 우리가 많이 알고 있으면서도 정작 유일한 박사에 대해 자세히 알고 있는 이는 드물었다. 더욱 놀라운 것은 유일한 박사가 이미 50여 년 전에 '기술강국 코리아'를 만들기 위해 사업으로 번 돈을 교육사업에 투자했고, 그 결과물이 바로

3년 전액 장학금을 주는 유한공고를 세웠다는 사실이다. 그리고 그 학교를 나온 까까머리 고등학생들이 가난을 딛고 일어나 지금은 50~60대의 장년으로 성장해 한국 사회를 이끄는 훌륭한 인재로 변모했다는 사실을 아는 이는 더더욱 드물다.

생전에 유일한은 기업인으로서보다 교육사업가로서 더 자부심을 가졌다는 증언을 여러 차례 들었다. 그가 외국 출장 시에도 '유한양행 회장'으로 적혀 있는 명함보다 '교육자Educator'라 표기한 명함을 즐겨 사용했다는 일화만 보더라도 교육에 대한 그의 애정과 신념을 엿볼 수 있다. 우리나라가 부강해지려면 기술교육을 받은 사람이 늘어나야 한다고 누누이 강조했다고 한다.

또 생전에 시간만 있으면 유한공고를 찾았다고 한다. 젊은 학생들을 보는 것만으로 행복해했으며, 어린 학생들을 쓰다듬어주고 어깨를 두드려주며 격려했다고 한다. 학생들을 만나는 것도 수업에 방해가 되지 않도록 쉬는 시간이나 운동장에서 잠깐씩 만났으며, 학생들에게 하는 말도 늘 같았다.

"너희들이 훌륭한 사람이 되어야 우리나라가 발전한다."

필자는 아버지의 마음으로 열 살의 유일한을 처음 접했다. 이 책을 집필하기 시작한 2014년 당시 둘째 아들(민경준)도 초등학교 3학년 학생으로 열 살이었기 때문이다. 유일한은 너무나도 어린 그 나이에 낯설고, 물설고, 말도 통하지 않는 미국 땅에 억지로 보내졌다. 가장 강한 나라 미국에 아들을 유학시켜 동포를 구하는 큰 인물로 만들고 싶다는 아버지의 소망 때문이었다. 그 옛날 미국 땅으로 아들을 보낸다는 것, 아무나 할 수 없는 일이리라. 그 어린 열 살짜리 소년의 미국 생활기를 처음 알게 됐을 때, 마치 내 자식과 같은 심정으로 다가와 한동안 가슴이 먹먹했다. 그리고 그에 대해 몰랐던 사실들을 하나하나 저술을 위한 노트에 담아갔다.

한 사람의 인격 형성은 대부분 어린 시절에 완성된다. 유일한 박사도 비록 일찍 부모 곁을 떠났지만, 다행히도 기독교적인 삶을 실천하는 자매들과 살면서 검소한 생활방식을 배웠다. 그는 한평생 구두쇠 소리를 들을 만큼 근검절약을 실천했다. 한인소년병학교에서 군사교육을 받고 유한양행으로 성공한 후로도 나라를 되찾겠다는 마음으로 미국에서 비밀리에 독립운동도 진행했다. 미국에서 갖은 고생 끝에 번 돈을 갖고 한국에서 유한양행을 창업한 유일한은 독특한 기업가 정신을 갖고 있었다. 그리고 죽을 때까지 끝까지 그 정신을 지킨 드문 사람이었다. '참 기업인'으로 기억되는 이유다.

"정성껏 좋은 상품을 만들어 국가와 동포에 봉사하고, 정직·성실하고 양심적인 인재를 양성·배출하며, 기업의 본분은 첫째 기업을 키워 일자리를 만들고, 둘째 정직하게 납세하며, 셋째 남은 이익은 기업을 키워준 사회에 돌려주는 것이다."

2015년 1월 15일은 유일한 박사가 탄생한 지 120주년이 되는 날이었다. 그는 이미 세상을 떠났지만, 그가 뿌린 씨앗은 지금도 한 국 사회에서 무럭무럭 자라나고 있다. 바로 그의 후예들을 통해서다. 빈손으로 떠난 유일한의 '정직과 성실'이란 철학을 평생 가슴에 품고 산 덕에 크고 작은 어려움을 당차게 이겨내고 성공한 25인의 후예들의 숨가쁜 삶과 유일한 박사를 곁에서 지켜본 3인의 이야기를 담았다. 이 책이 한 시대를 어떻게 살아가야 하고, 기업의 이익은 어떻게 환원해야 하는지에 대해 좋은 길잡이가 될 것으로 믿는다. 사회적으로 큰 문제가 된 '대한항공 땅콩 회항' 사건이나 한국의 갑질 논란 등, 기업사회에 던지는 시사점도 작지 않다. 이제라도 한국의 소중한 유산인 유일한 박사의 정신을 부활시키고 '참기업가 정신'을 일깨웠으면 하는 바람이다.

끝으로 유일한 박사에 대한 사진을 챙겨 준 유한양행과 유한킴벌리 홍보실, 저술 작업의 시종을 함께하며 도움을 준 연만희 유한재단 고문님과 이원해 대모엔지니어링 회장님 등 유한인들, 주말에 틈틈이 저술 작업을 할 때마다 피곤에 겨워 짜증을 내도 이를 모두 참아준 가족에게 고마움을 전한다.

민석기

CONTENTS

3
유일한의 철학을 사회에 전한 사람들

4
유일한의 기업가 정신을 실천한 후예들

‖ 유일한의 이념 ‖

애국애족사상

국익사상

인재양성주의

혁신주의사상

경영과 소유
분리

공동운명체적
노사관계

1

민족기업가
유일한의 삶

유일한 박사의
국가에 대한 생각

++

국가, 교육, 기업, 가정 이 모든 것은

순위를 정하기가 매우 어려운 명제들이다.

그러나 나로 말하면 바로

국가, 교육, 기업, 가정의 순위가 된다.

건강한 국민, 병들지 아니한 국민만이

주권을 누릴 수 있다.

나라 사랑을 위해서는 목숨을 바칠 것을

신성한 말로 서약하여야 한다.

유일한(柳一韓, 1895~1971)이라는 한 기업인은 한국인에게 삶의 가치를 가장 제대로 보여준 상징적인 인물이다. 그럼에도 '전 재산을 사회에 헌납하고 가신 분' 정도로만 아는 이가 태반이다. 안타깝다. 유일한 박사는 민족을 위한 정도(正道)경영의 정신과 나라 사랑으로 한평생을 애썼던 이다. 참기업인이자 참부자였던 유일한 박사는 세상을 떴지만, 그의 숭고한 가치는 지금도 우리 곁에서 살아 숨쉬고 있다.

아홉 살 소년의 낯설고 물선 미국행

유일한은 1895년 1월 15일 아버지 유기연과 어머니 김기복 사이에서 6남 3녀 중 장남으로 평양에서 출생했다. 출생 시 이름은 유일형(柳一馨)이었다가 미국으로 건너간 이후 유일한으로 개명했다. 그의 부친은 평양에서 농산물 도매상과 재봉틀 대리점을 경영하며 재력을 쌓은 상인이었다. 유일형은 양잠학교에 다녔다. 그의 가족은 교회(개신교)를 다녔는데 당시 미국인 선교사의 추천을 받아 미국으로 유학을 떠나게 됐다. 미국으로 두 명의 아이를 보낼 수 있다는 선교사의 말을 듣고 그의 부친이 아홉 살 된 아들을 적극 부탁해 이뤄진 것이었다.

그의 부친은 왜 어린 아들을 미국으로 보내야만 했던 것일까? 한마디로, 배워야 나라를 구할 수 있다는 사실을 너무나도 간절하게 깨달았기 때문이다. 1904년, 당시 대한제국 순회공사 박장현이 멕시코에 부임하기 위해 미국을 거쳐 가게 되었는데 유일형은 이 편에 합류하게 됐다. 하지만 박장현은 멕시코로 가지 않고 미국에 머물렀는데 유일형은 박장현의 조카인 박용만과 샌프란시스코에 정착해 초급교육을 받았다.

하지만 고국에 있는 부모의 사업이 어려움에 처하자 재정적인 지원을 받지 못하면서 힘겨운 생활을 감내해야 했다. 게다가 1906년

어린 시절의 유일한 박사

1904년 미국으로 가기 전 양복을 차려입고 아버지와 기념 촬영한 모습.

4월, 샌프란시스코에 대규모 지진이 일어나 도시가 황폐화되자 더더욱 어려운 생활이 계속됐다. 이후 1909년 네브래스카 주 커니라는 도시로 이주해 미국인 자매의 도움으로 초등학교 수업을 받았다. 그를 미국까지 데려왔던 박장현은 미국에 정착한 지 3년 후인 1907년 6월 콜로라도 덴버에서 사망했다. 1909년, 박용만을 비롯해 미국에 거주하는 한인 교포들이 네브래스카 커니에 한인소년병학교를 설립하자 유일한도 그곳에서 소년병으로 교육을 받았다. 당시 한인소년병학교는 여름학교로 운영되었는데 유일한은 여름방학이 되면 박용만이 운영하는 군사학교를 다녔다.

1911년, 16세 때 헤이스팅스 고등학교에 입학했고 이때부터 유일한이라는 이름을 사용했다. 여전히 생활은 어려웠고 신문배달, 구두닦이 등의 아르바이트로 학비를 조달했다. 고등학교에서는 미식축구부에 가입하여 주장을 맡을 정도로 스포츠에도 재능이 있었다.

유일한은 고등학교를 졸업하고 대학에 입학할 학비를 벌기 위해 디트로이트 변전소에서 1년간 근무하기도 했다. 1916년 21세 때 미국 미시간 주에 있는 미시간 대학교 상과에 입학했으며 필라델피아 한인대회에서 '한국 국민의 목적과 열망을 표방하는 결의문'을 작성하는 일에 참여했다. 이 당시 미국 주재 한인 총대표회의는 서재필에 의해 주도됐고 대학생 청년이었던 유일한은 이승만, 서

한인소년병학교 재학 때의 모습. 맨 앞줄 오른쪽 끝이 야구복을 입은 모습의 유일한이다.

헤이스팅스 고등학교 재학 시 미식축구로 활약한 모습. 가운데 공을 쥐고 있는 이가 유일한이다.

재필 등 민족 독립지도자들과 인연을 맺었다.

미국에서 거둔 큰 성공, 유한양행 설립의 디딤돌이 되다

대학교를 졸업하고 유일한은 미시간 중앙철도회사, 제너럴 일렉트
로닉 등 미국 회사에 취업했으나 곧 회사를 그만두고 자신의 사업
을 구상했다. 그는 많은 시행착오 끝에 미국에서 인기가 높았던 숙
주나물을 통조림에 저장할 수 있는 방법을 개발했다. 1922년 미국

1919년 미시간 대학교 졸업식 사진. 맨 뒷줄 왼쪽에서 첫째가 유일한이다.

인 대학 동창이자 식품사업을 하던 웰리스 스미스와 동업해 숙주나물 통조림을 생산하는 라초이(La Choy) 식품회사를 설립했다. 그가 설립한 식품회사는 6년 만에 2백만 달러(현재 가치로 250억 원 상당) 규모의 회사로 성장시켰다. 라초이 식품회사는 중국인들이 좋아하는 동양 식료품을 취급하는 회사로 유명해졌다. 창업 6년 후에는 직원이 400여 명에 이르고 한해 매출이 당시 돈으로 2백만원에 이르는 큰 회사로 성장하게 된다.

　1925년, 유일한은 라초이 식품회사를 운영하며 원료를 구입하기 위해 중국 상하이를 방문하였다가 다시 일본을 거쳐 조선으로

1922년 27세 때 미국 대학 동창과 함께 설립한 식품회사 라초이 전경.

건너왔다. 자신의 고향인 평양을 거쳐 북간도로 넘어가 21년 만에 가족과 상봉했다. 미국으로 돌아와 그는 1925년 미국에서 아시아 지역에서 생산되는 토산품을 취급하는 유한주식회사(New il han Company)를 설립했고 서재필을 사장으로 영입했다. 이맘때 대학 동창인 호미리(胡美利)라는 중국계 여성과 결혼했는데 미국에서 의사면허(소아과)를 취득한 최초의 동양인이었다. 그해 한국에서 세브란스 의전을 운영하고 있던 선교사 애비슨(O. R. Avision)으로 부터 유일한은 연희전문학교 상과 교수로, 부인 호미리 여사는 세 브란스 의전 의학교수로 부임해 달라는 편지를 받았다.

1926년 미국에서 운영하던 라초이 식품회사를 청산하고 귀국

1937년 유한양행 창립기념식 사진. 맨 앞줄 앉은 사람 중 오른쪽에서 네 번째가 유일한이다.

했지만 연희전문학교 교수로 부임하는 것을 거절하고 서울 종로 2가 덕원빌딩에 유한양행을 창립했다(실제는 1926년에 이미 설립되어 있었다). 그의 부인 호미리 여사 또한 세브란스 의전으로 가지 않고 개인병원을 설립할 계획이었다.

유일한은 미국에서 귀국하면서 많은 의약품을 가지고 왔는데 이는 1년 전 한국을 방문했을 때 한국에 가장 필요한 사업은 의료 분야이며, 의약품사업을 통해 조국에 도움이 될 것이라는 생각을 했기 때문이었다. 특히 유한양행에서 직접 제조해서 판매한 안티푸라민은 가정상비약으로 많은 인기를 받았다. 유한양행은 중국, 대만에도 지점을 개설하여 판매망을 넓혀 나갔다.

유한양행 창업 후 50의 나이에 독립을 위한 특수 군사훈련을 받다

1938년 다시 미국으로 건너가 서던캘리포니아대학교(남가주대학교)에서 경영학을 공부했으며 1941년 석사학위를 받았다. 2차 세계대전이 일어나자 일본의 감시가 심해졌으며 유일한은 사장직에서 물러났다. 미국 육군의 OSS(Office of Strategic Services) 산하 한국 담당 고문으로 발탁됐다. 이때 노벨 문학상 수상자인 펄 벅이 중국 고문으로 발탁되어 유일한과 친분을 맺게 됐다.

1927년 3월 27일 〈동아일보〉에 실린 유일한 부부 기사.

1936년 41세 때의 유일한 모습.

또한 로스앤젤레스에서 한인 국방경위대를 창설해 맹호군으로 명명했다. 유일한은 한국 침투를 위해 조직된 특수공작원에 배속되어 군사훈련을 받았다. 하지만 그해 8월 15일 광복을 맞아 국내로 침투하는 '냅코작전'은 실행되지 못했다.

1946년 7월, 유한양행 사장으로 복귀해 회사를 다시 돌보았지만 남북으로 분단되면서 중국과 북한에 남아 있는 모든 자산을 잃게 되었다. 대한상공회의소가 창설되자 초대 회장에 올랐고 유한양행 사장직에서 물러났다. 이승만 정권이 들어서면서 초대 상공부 장관으로 추대되었으나 이를 거절했는데 나중에는 견제와 감시의 대상이 됐다.

1948년 다시 미국으로 건너가 스탠퍼드 대학에서 국제법을 공

유일한이 1946년 귀국한 후 찍은 가족사진. 왼쪽부터 유일한, 딸 유재라, 부인 호미리, 아들 유일선.

부했고 이후 국내로 입국하려다 번번이 거절되어 입국하지 못했다. 1950년 한국전쟁이 일어나자 유한양행은 다시 한 번 어려움에 처했지만 직원들은 전시상황에서도 회사를 헌신적으로 지켜냈다.

가난하고 약한 나라, 교육에 희망을 걸다

1953년 귀국하여 전쟁으로 파괴된 회사를 재건했고 이때 소사 공장 부지에 고려공과기술학원을 설립해 교육사업을 시작했지만 재정적인 부담으로 1957년에 폐교되었다. 1962년에는 국내 민간기업으로는 두 번째로 기업을 공개하여 투명경영을 실현하였고 정직한 세금 납부로 산업훈장을 받았다.

유일한은 국가에 내는 세금이야말로 나라를 위하는 일이라고 했으며 세금을 차질 없이 납부하도록 엄격하게 관리했다. 국가는 세금에 의해서 운영되는 것이므로 부강한 국가를 만들기 위해서는 납세 의무를 성실히 해야 된다는 것이 그의 신념이었다.

또한 인재 양성에도 힘써 1963년 개인 소유 주식 1만 2000주를 연세대학교에 장학기금으로 기부하였고 보건 장학회에도 5000주를 기부했다. 1964년에는 개인 주식 5만 6000주를 팔아 학교법인 유한재단을 설립하고 영등포구에 유한공업고등학교를 건립해 교

1964년 유한공고 건립을 위해 개인 소유 주식을 기증하는 유일한 박사.

서울 대방동에 있던 옛 유한양행 사옥.

육사업을 시작했고 연세대학교로부터 명예박사학위를 받았다.

참 기업인으로 고이 잠들다

미국에 있는 아들 유일선이 귀국하여 부사장직을 맡았으나 기업 경영에 대한 신념이 자신과 다르자 미국으로 돌려보내고 1969년 전문경영인에게 회사 운영을 맡겼다. 1971년 향년 76세를 일기로 사망하였으며 국민훈장 무궁화장이 추서됐다. 박사의 유언으로 그의 전 재산은 사회에 환원되었다. 1995년에는 그가 독립을 위해 활동한 이력이 밝혀져 건국훈장 독립장이 추서됐다.

유일한의 딸 재라 씨도 1991년 63세로 타계하며 아버지에게서 받은 재산에 자신의 전 재산을 더한 205억 원을 사회에 기부하면서 2대에 걸친 귀감을 보였다. 이는 세계적으로 극히 드문 사례로 기록되고 있다.

이미 1960년대와 70년대에 현재의 관점에서도 놀라울 정도의 깨끗한 지배구조를 가진 기업을 사회에 환원하며 세상을 떠난 유일한 박사. 시도 때도 없이 이른바 '가진 자'들이 횡령, 탈세 등의 혐의로 법의 심판대에 서는 요즘, 그의 아름다운 기부와 성실했던 삶이 다시 한 번 우리의 마음을 적신다.

1963년, 연세대학교에 주식을 기증하는 유일한 박사.

1968년 모범납세자로 선정되어 훈장을 받는 유일한 박사. 당시 유한양행은 한국에서 법인세를 가장 많이 내는 기업이었다.

1941년, 딸 재라와 찍은 사진. 유재라 여사는 유 박사 사후 유한재단 이사장으로 활동하다 폐암으로 투병했다. 1991년, 미국 시애틀에서 63세의 일기로 세상을 떠나면서 당시 돈으로 200억 원대에 달하는 자신의 전 재산을 유한재단에 모두 환원하여 아버지의 뜻을 이었다.
유일한 박사의 막내 여동생인 유순한 여사 역시 1995년, 10억 원 상당의 유한양행 보유 주식을 모두 유한재단에 기증했다. 유순한 여사는 "아껴 쓰고 남은 모든 것은 사회에 기증한다는 큰오빠의 뜻을 이어받기 위해 재산을 기증했다"고 밝혔다. 이로써 유한양행의 창업자 가족 지분은 완전히 없어지게 됐다.

유일한 박사의 마지막 공식 석상 모습.

1971년 유한공고에서 치러진 유일한 박사의 장례식 장면.

유언장

++

첫째, 아들 유일선의 딸, 즉 손녀인 유일림에게는
대학 졸업 시까지 학자금 1만 달러를 준다.
둘째, 딸 유재라에게는 유한공고 안에 있는 묘소와
주변 땅 5000평을 물려준다. 그 땅을
유한동산으로 꾸미고 결코 울타리를 치지 말고
유한중, 공업고교 학생들이 마음대로 드나들게 하며
그 학생들의 티 없이 맑은 정신에 깃든 젊은 의지를
지하에서나마 더불어 느끼게 해달라.
셋째, 유일한 자신의 소유 주식 14만 941주는
전부 '한국사회 및 교육원조 신탁기금'에 기증한다.
넷째, 아내 호미리는 딸 재라가
그 노후를 잘 돌보아주기 바란다.
다섯째, 아들 유일선에게는 대학까지 졸업시켰으니
앞으로는 자립해서 살아가거라.

Ilhan New "will"

遺言公正證書正本

本職은 西紀一九七一年 拾九月九日 午言時 別本永登浦正大方洞四九番地의 之에서

遺言者「일한. 뉴」(ILHAN. NEW. 柳一韓)
으로부터 遺言證書作成의 囑託을 받고 證人金鵬林 陳鵬兼參映下에 아래의 遺言趣旨을 筆訊하여 이證書을 作成한

一 遺言者之心神이 健全하며 어떠한
   사람으로부터도 影響을 받지않고 다음과
   같이 遺言하며 이遺言을 遺言者의最終
   遺言으로 宣言하고 同時에 從前의 遺言및
   補充的 遺言一切之 이을 모두 取消한다.

(1) 遺言者의 長女「재닛트. 디. 뉴」(JANET.
   T. NEW. 柳載羅)에 對하여
      遺言者의 長女「재닛트. 디. 뉴」에게 遺言者

2

유일한을 곁에서
지켜본 사람들

유일한 박사의
사람에 대한 생각

++

눈으로 남을 볼 줄 아는 사람은 훌륭한 사람이다.

그러나 귀로는 남의 이야기를 들을 줄 알고,

머리로는 남의 행복에 대해서 생각할 줄 아는 사람은

더욱 훌륭한 사람이다.

이상적인 인간 형성을 위해

근면, 성실, 책임감은 바람직한 3대 요소다.

그러나 여기에 성급하지 않은 성격까지 지닌다면

더 바랄 것이 없다.

하나의 인간은 체구를 가지게 되며

그 몸에는 귀, 눈, 코, 입 등의 여러 기관이 부수되어 있다.

그중 하나의 기관만 없어도 완전한 인간일 수는 없다.

사회도 또한 마찬가지다.

여러 사람이 각기 사회를 위해서

유익한 기관의 구실을 다할 때 비로소 그 사회는

완전할 수 있는 것이다.

사람은 죽으면서 돈을 남기고 또 명성을 남기기도 한다.

그러나 가장 값진 것은 사회를 위해서 남기는 그 무엇이다.

실패, 그것으로 해서

스스로 나의 존재 가치를 깨닫는다면,

실패 그것은 이미 나의 재산인 것이다.

"유일한 박사와 같은 기업인은 세계에 없어요"

연만희

유한양행 고문

"그분은 해외 출장을 가도 항상 개인 돈을 쓰고, 회사 돈을 안 썼어요. 좌석도 비즈니스가 아니라 이코노미만 탔어요. 정말 검소한 분이었습니다. 가까이서 본 그는 생활습관부터 경영철학에 이르기까지 매우 남달랐던 분이었기에 평생 존경할 수 있었어요."

우리나라 전문경영인 1세대인 연만희 유한재단 고문은 고 유일한 박사에 대해 "생각나는 일화가 너무나 많다"면서 그를 회상했다. 세상을 떠난 유 박사에 대해 이야기할 때, 언급하지 않을 수 없는 사람이 바로 연 고문이다. 그는 유 박사의 창립이념을 가장 가까이에서 배웠던 사람이기 때문이다.

유 박사의 사업 성장에서부터 죽음에 이르기까지 모두 지켜본 연 고문은 유한양행의 역사에 아직도 깨지지 않는 전설을 기록하고 있다. 신입사원으로 입사한 지 8년 만에 상무이사 자리에까지 오른 것. 유 박사 역시 영특하고 뚜렷한 소신을 가지고 있던 연 고문을 누구보다 아꼈다.

"내가 돈 벌려고 주식 상장하는 줄 알아요?"

유일한 박사와 인연을 맺은 것은 시간을 지금으로부터 50년 이상 거꾸로 돌려야 한다. 연 고문이 평사원으로 유한양행에 입사한 것은 1961년. 다른 회사를 잠시 다니다가 퇴직하고 몇 개월 쉬고 있을 무렵, 유한양행에 2년 먼저 입사한 대학 친구에게서 유한양행이 총무과 직원을 뽑는다는 소식을 전해 들었다. 입사시험을 통과한 그는 "유일한 박사가 유한양행 창업자라는 것 정도만 알고 있었고, 입사 초기에는 유 박사를 만난 적도 없다"고 했다.

연 고문이 입사한 지 8개월밖에 안 됐을 때인 1962년, 한창 성장하고 있던 유한양행은 주식 상장 작업을 하고 있었다. 이 기업공개 작업에 그는 참여하게 됐다. 한창 상장 작업을 준비하던 연 고문은 마침 귀국한 유 박사에게 상장 진행 상황을 직접 보고하게 됐다. 연 고문과 유 박사의 '첫 만남'은 이렇게 이뤄졌다.

유일한: 어느 정도의 가격에 상장하는 것이 좋겠습니까?

연만희: 회장님이 제시한 액면가 100원은 너무 낮은 것 같습니다. 시장
가치로 본다면 최소한 600~700원 정도가 적정한 가격입니다.

유일한: (큰소리로) 내가 돈 벌려고 주식을 상장하는 줄 알아요? 상장
하는 이유는 유한이 한 개인의 소유가 아니라 우리 국민의 것

이기도 하기에 공개하려는 것입니다. 도대체 정신이 있는 겁니까? 당장 여기서 나가시오.

연 고문은 당시 상황을 떠올리며 이렇게 말했다.

"엄청나게 혼이 났어요. 당장 나가라고 벼락같이 호통을 치는 바람에 어쩔 수 없이 사무실을 나왔지요. 다시는 이 업무를 못할 것이라는 생각도 했지요. 그런데 일은 계속 시키더라고요. 단적으로 이것만 봐도 유 박사님은 한결같은 분입니다."

유 박사는 액면가 100원을 그대로 밀어붙이라고 지시했다. 그런데 아니나 다를까 연 고문의 예측대로 주가는 상장 후에 1000원까지 상승했다. 그런데 문제가 발생했다. 상장을 맡았던 증권회사에서 유한의 시장가치를 이미 알고 있었기에 일정 부분의 주식(거래 물량)을 시장에 내놓지 않고 자기들끼리 나눠가져 이익을 챙긴 것이다.

유한양행이 주식 사기를 치고 있다는 오해를 받을 수밖에 없는 상황이 되고 말았다. 황당함에 빠져 있던 연 고문은 증권거래소에 가서 "이런 일이 유한양행의 잘못이냐, 거래소의 잘못이냐"고 강하게 따져 물어 이 문제를 해결했다. 그 공로로 인해 당시 신입사원이던 연 고문은 총무과장으로 승진했다. 입사한 지 1년 8개월 만의 일이었다.

"서교동 땅, 나라가 원한다면 당장 파시오"

총무과장이 된 연 고문은 유 박사와 더 가까이 지내면서 더 많은 깨달음을 얻게 된다. 그 둘 사이에 있었던 유명한 일화가 있다.

유한양행이 광고탑을 세우기 위해 평당 30원에 사뒀던 양화대교 근처 서교동 땅이 도로가 건설되면서 천정부지로 가격이 뛰었다. 서울시에서 제2한강교 건립을 위해 평당 4000원에 매입하겠다고 했다. 그런데 인근 지주들은 은행 감정가로만 따져도 평당 1만 2000원은 받아야 한다고 고집하며 서울시에 보상가격을 올려달라고 요구했다.

연 고문도 더 높은 가격을 받을 수 있다고 생각했다. 이러한 상황들을 모두 유 박사에게 보고했다. 그런데 유 박사가 버럭 화를 내며 이렇게 호통을 쳤다고 한다.

"당신 같은 사람들 때문에 이 나라가 이 모양이야. 나라가 원한다면 당장 나라가 원하는 가격에 땅을 내놓아야지. 우리가 그 땅을 얼마에 산 줄 알아? 서울시가 국민 세금으로 사는 건데, 130배도 고맙지. 당장 파시오." 연 고문은 다시 주민들을 만나 유 박사의 생각을 그대로 전했다. 일순간 주민들은 숙연해졌다. 결국 유 박사 때문에 인근 주민들도 적절한 가격 선에서 서울시의 땅 수용에 도장을 찍을 수밖에 없었다.

연 고문은 "그때 그 호통을 듣고 유일한 박사의 애국심에 다시 한 번 감탄했다"고 말했다.

당시 박정희 정권에 대해 불만을 가지고 있던 유 박사는 '박정희에 대해서 어떻게 생각하느냐?'고 단도직입적으로 연 고문을 떠보기도 했다고 한다.

연 고문은 "역사가 평가할 일이긴 하지만 무엇보다도 국민들 경제적 형편이 조금 더 나아지도록 만든 것은 잘한 것으로 보입니다"라고 솔직하게 자기 의견을 피력했다. 이에 대해 유 박사도 "그러한 노력만큼은 높이 평가받아야지"라고 했다. 정치적으로는 불만도 있었지만, 경제적인 문제에 대해서는 후한 점수를 주면서 연 고문의 의견도 존중했던 것이다.

당시 유한양행에는 유 박사의 친인척이 근무하고 있었다. 그러나 유 박사는 자신의 가족이 회사 경영에 관여하는 것을 원하지 않았다. 결국 죽음을 앞두고 당신이 살아 있을 당시에 회사에 있던 친인척 모두를 내보냈다.

연 고문은 비록 친인척이라고 하더라도 채용한 사람을 그런 식으로 무조건 해고하는 것은 말도 안 된다고 말리기도 했다. 그러나 회사에 들어온 가족이나 친인척이 파벌을 형성하는 것을 두려워한 유 박사는 1969년 일체의 경영권을 전문경영인에게 물려주고 경영 일선을 떠난다. 회사는 창업주 가족이 아니라 전문적인 지식을 갖춘 사람이 경영해야 한다는 신념 때문이었다.

유한양행의 재도약을 이끌다

이에 영향을 받은 탓인지, 연 고문은 나중에 유 박사처럼 소신 있는 행보를 했다. 그로 인해 유 박사의 외동딸 재라 씨와 갈등을 겪기도 했다. 유 박사가 세상을 떠난 후 '고인의 뜻을 가장 잘 이어받아서 유한재단을 이끌 이사장을 누가 맡을 것인가'에 대한 주제로 임원회의가 열렸다. 이사회 전원이 고인의 딸인 유재라 여사가 이사장을 맡아야 한다고 주장했다.

그러나 연 고문은 유 여사의 역량과 인격을 높이 평가하지만 이사장 자리를 가족이 맡는다는 것은 고인의 뜻에 위배될 수 있다고 이사진의 결정에 정면으로 반대 의견을 펼쳤다. 연 고문의 주장은 관철되지 못했고, 이후 자의반 타의반 계열사로 좌천되는 아픔을 겪었다.

연 고문이 유한을 떠나 있는 동안 유한양행의 사세는 급격히 기울어져 갔다. 한국 기업 중 법인세를 가장 많이 내는 기업일 정도로 우량기업이던 유한양행은 극심한 시장 침체와 경영 악화로 창업 이후 가장 큰 위기를 맞고 있었다.

유한재단의 유재라 이사장은 1987년 연 고문에게 연락을 해 유한의 사장직을 맡아줄 것을 요청했다. 아버지의 뜻을 누구보다 잘 알고 뒤따랐던 연 고문이 '컴백'해야만 회사가 다시 일어설 수 있을 것이라며 유한으로 돌아오길 간곡히 부탁했다.

이렇게 1988년 유한양행으로 되돌아온 연 고문은 사장으로 취임했다. 그는 유 박사가 서거한 후에 마치 주인 없는 회사로 인식돼 손가락질을 받은 면도 있다면서 조직 구성원 모두에게 변화를 요구했다. 일단 조직이 젊어져야 한다고 강조하면서 우리나라 최초로 직급 정년제를 실시했다. 일정 기간 내에 승진이 안 되는 직원들은 승진 대상에서 아예 제외시키는 직급 정년제를 실시해 구조조정을 성공적으로 이끌어 냈다.

그 결과 유한양행은 다시 일어설 수 있었다. 1980년대 중반까지 답보 상태를 보이던 유한은 연 고문이 경영을 맡은 1988년부터 매년 20퍼센트의 빠른 성장세를 보였고 1993년에는 사상 최대 매출을 기록하기도 했다.

유일한 이후에도 지속된 유한양행의 혁신

연만희 고문은 무엇보다 전문경영인이 회사를 이끄는 유한의 미래 경영체제를 확립하기 위해 온 힘을 기울였다. 이를 실천하기 위해 신약 개발에서부터 해외 마케팅에 이르기까지 말단 사원의 의견을 사장이 직접 듣는 '사원운영위원회'를 만들었다. 더불어 '기업은 일터인 동시에 인재를 발굴하고 양성하는 기관'이라는 유 박사의 정신을 실천했다.

'무리하게 빚지지 말라'는 창업자의 경영 방침을 지키기 위해 안정적인 재무구조 시스템을 확립했다. 결국 다시금 유한의 부흥을 이룰 수 있었던 것도 결국은 유 박사의 기업이념을 실천하는 과정에서 이뤄진 것이었다.

연 고문은 '선배 경영인이 모범을 보여야 후배 경영인이 바로 설 수 있다'는 신념으로 우리나라 전문경영인 1세대로서 한국 전문경영인학회를 이끌기도 했다. 선진 경영으로 미래의 유한을 이어가기 위해 경영자 양성에도 힘썼다. 곧 90세를 바라보는 고령에도 여전히 유한양행 고문으로 재직하며 한평생을 '유한인'으로 살아가고 있는 그는 마지막으로 안타까움을 토로했다.

"유 박사의 정신이 점점 퇴색되고 있어요. 사람들이 입으로만 유일한 정신을 외칠 뿐, 제대로 실천하려는 사람이 드물어요. 록펠러 등 전 세계 거의 모든 기업인들이 돈을 벌고 나서야 교육사업도 하고 좋은 일들을 하고 있지만, 유 박사는 처음부터 목적이 달랐어요. 교육 등 국가의 부흥을 위해 기업을 한 것이지요.

그리고 유일한 박사와 유재라 여사까지 2대에 걸쳐 전 재산을 사회에 헌납한 기업인 가족은 아마도 세계사에 없을 겁니다. 우리 후세들이 이러한 정신을 잘 이어받았으면 하는 게 저의 마지막 바람입니다."

명문학교로 자리매김할 수 있었던
유한공고의 저력

손종률

유한공고 초대 교장

미국에서 교육학을 공부한 뒤 귀국한 손종률 교장은 유일한 박사와 함께 유한공고를 만들어낸 최고의 일꾼이자 산증인이다. 30대 초반의 젊은 나이에 교장이라는 중책을 맡은 그는 그 누구보다 유한의 정신을 계승해나가기 위해 노력해왔다.

손 교장은 어려서부터 교육자를 꿈꿔왔다. 하지만 시대가 그 꿈을 펼치게 내버려두지 않았다. 서울대 음대에 입학한 그해, 6·25전쟁이 터져 학업을 이어나가는 것 자체가 불가능했다. 군악대 소속으로 전쟁터에 나간 후에는 미군 종군목사의 비서로 일하게 되었다. 그때 영어를 배웠다. 스물두 살 무렵, 우리나라에 기독교 선명회가 처음 생겼을 때 선교사의 추천으로 총무직을 맡았다. 선명회는 미국에서 원조해주는 돈과 물자들을 국내에 있는 고아원에 나눠주는 역할을 하는 곳이었다.

"당시 고아원은 무척 열악했습니다. 누추한 가정집에 고아들 몇몇을 데려다 키우는 게 고작이었어요. 다 자란 아이들도 교육을 못 받는 경우가 허다했어요. 그때 생각했습니다. 이 아이들에게 기술

교육을 해서 자립할 수 있도록 도와주어야 한다고요."

그 무렵 훗날 유한학교 이사장이 된 김명선 연세대 부총장을 알게 되었다. 형편이 어려운 아이들을 그냥 지나치지 않았던 김명선 부총장은 선명회에 고아 여러 명을 데리고 왔고, 손 교장은 그 아이들을 고아원에 보내주고 여러 가지 지원을 해주었다.

선명회에서 일한 지 5년이 넘었을 무렵, 그의 성실함과 능숙한 영어 실력을 눈여겨본 선명회 총재는 그에게 미국에 와서 일하지 않겠냐고 제안했다. 그때 그는 '어쩌면 이게 기회가 될 수도 있겠다'고 생각했고, 승낙 대신 부탁을 했다. 미국에 가서 공부하고 싶은데 후원을 좀 해달라고 말이다.

결국 총재의 지원으로 미국 신학대학으로 유학 가는 데 성공했다. 하지만 그의 꿈은 교육자였다. 얼마 후 전공을 교육학으로 바꾸기로 결심하고, 장학금을 받고 공부하고 싶다는 간절한 바람을 담은 편지를 열 곳도 넘는 학교에 보냈다. 그중 한 곳으로부터 합격통지서를 받았고, 비로소 그가 그토록 원하던 교육학 공부를 하게 되었다.

장학금을 받게 되었지만, 그는 학생처장에게 일거리를 좀 줄 수 없냐고 사정해야 할 정도로 가난한 고학생이었다. 그러다가 우연찮게 학교 벽보에 붙은 '클럽 연사 초청'이라고 적힌 작은 종이를 발견했다. 당시 미국에는 교회를 중심으로 작은 모임들, 이른바 클럽 활동이 많았다. 모임을 열 때면 연사를 초청해 강의하는 시간이 있었다. 그는 한번 해보자고 마음먹고 바로 지원했다. 하지만 동양인을 원숭이 쳐다보듯 바라보던 시절인지라 연사로 나서기 위해서는 큰 용기를 내야만 했다.

우리나라를 소개하면서 6·25전쟁을 이야기할 수밖에 없었는데 그들은 무척이나 마음 아파하면서 관심을 가져주었다. 짧은 영어 실력은 노래와 유머로 채웠다. 그들은 'You're my sunshine'을 부르는 동양인을 신기해했고 뜻밖에 감동했다. 그때 손 교장은 낯선 미국 땅에서 겪은 재미있는 일화를 이야기하기도 했다. 그는 연사로서 인기가 좋았다. 처음에 10분으로 시작한 스피치는 20분, 30분으로 늘어났고 60분짜리 스피치도 맡게 되었다. 그렇게 돈을 벌어 기숙사 비용을 내고 용돈도 마련했다.

"중학교 다닐 때 아버지가 저를 집에서 내보냈습니다. '객지에 나가서 네가 벌어 스스로 살아라. 그 모든 게 다 공부다' 하시면서요. 그때부터 고학하는 게 몸에 배었습니다. 웬만한 고생에는 좌절하지 않을 정도로 단련되었지요."

미국에서 공부를 마칠 때쯤, 그는 자신의 꿈을 좀 더 구체적으로 발전시켰다. '고등학교 교장'이 되어야겠다는 목표를 세운 것이다. 그래서 석사 논문 주제도 '형편이 어려운 학생들을 위한 공업교육의 필요성과 공업학교 교장의 자격'으로 정했다.

곁에 있는 사람까지 큰 사람으로 만드는 분

한국으로 돌아온 그는 선명회 근무 시절 알게 된 김명선 전 연세대학교 부총장을 우연한 기회에 다시 만나게 되었다. 미국 생활에 대해 이야기를 나누던 중 김 부총장이 '내일 이 자리에서 다시 만나자'는 제안을 했다. 그때 석사 논문도 꼭 가지고 나오라고 당부했다.

다음 날, 김명선 부총장은 손 교장을 만나자마자 다짜고짜 차에 태웠다. 어디로 가는지, 누구를 만나러 가는지 단 한 마디도 하지 않은 채 말이다. 차는 대방동 유한양행 건물 옆에 있는 사택에 멈춰 섰다. 영문도 모른 채 따라 들어갔는데 그곳에 인자하게 보이는 할아버지 한 분이 앉아 있었다. 유일한 박사였다.

"미국에서 교육학을 공부하고 온 재원입니다. 이 논문을 한번 보시지요."

김 부총장은 유일한 박사에게 손 교장의 논문을 내밀었다. 유 박사는 몇 해 전 고려공과학원을 설립했다가 얼마 못 가 문을 닫게 되었다. 그 후에도 오랜 염원인 교육사업을 어떻게 하면 실현시킬 수 있을지 고민하던 상황이었다.

무덤덤한 표정으로 앉아 있던 유 박사의 표정은 논문을 한 장 한 장 넘기면서 점차 달라지기 시작했다. 그의 얼굴에 희망의 빛이 떠올랐다.

"유 박사님, 교육사업은 다시 시작되어야 합니다. 손 군이라면 반드시 성공적으로 이끌어낼 수 있습니다."

평소에 유 박사와 막역한 사이인 김 부총장은 자신 있게 제안했다.

"그래, 한번 해봅시다."

그 자리에서 바로 결정이 내려졌다. 손 교장은 그때를 이렇게 추억한다.

"유 박사님은 우리나라가 가난에서 벗어나기 위해서는 반드시 교육이 필요함을 절감하고 계셨습니다. 그리고 사업으로 번 돈을 가난해서 학교에 진학하지 못하는 학생들을 공부시키는 데 쓰고 싶어 하셨지요. 저는 그런 학생들을 어떤 시스템으로 어떻게 공부시켜야 하는지를 공부했던 사람이고요. 그 자리에서 많은 게 통했습니다."

이사장 김명선, 초대 교장 손종률. 유한공고는 이 두 사람의 의기투합으로 설립되었다. 처음에는 학교의 꼴을 제대로 갖추지 못했다. 교장, 교사 할 것 없이 모두 함께 벽돌을 쌓으며 학교를 만들어나갔다. 일을 하면 할수록 그의 유 박사에 대한 존경심은 깊어졌다.

명문학교로 자리매김한 유한공고의 저력

"박사님은 저에게 모든 것을 일임하셨습니다. 결정을 하는 데 이래라 저래라 한 적이 없었어요. 계산에 약한 제가 '혹시 유한양행에서 경리회계를 잘하는 직원 한 명을 학교 서무직원으로 보내주실 수 있습니까'라고 청하자, 박사님께서는 '자네가 쓸 사람을 왜 나한테 달래. 자네 마음에 드는 사람으로 뽑아서 쓰게. 그리고 자네가 책임지게'라고 말씀하셨어요. 모든 일에 그러셨어요. 전적으로 믿어주셨고, 스스로 책임지게 하셨어요. 정말 '큰 인물'이셨습니다. 곁에 있는 사람까지 큰 사람으로 만들어주시는 훌륭한 분이셨습니다."

유한공고에는 전국에서 우수한 학생들이 몰려들었다. '전액 장학금을 지원하는 학교'라는 모집 공고가 나가자, 가난한 형편 때문에 고등학교 진학을 포기해야 했던 우수한 인재들이 무수하게 지원을 했다.

"입학시험을 치르고 58명의 학생을 선발했습니다. 학생들의 면면은 놀라웠습니다. 착하고 똑똑했지요. 시험 답안지를 보고는 벌어진 입을 다물 수가 없을 정도였어요. 기가 막혔습니다."

그는 학생들을 보며 유한공고의 희망을 보았다. 하지만 학교 설립 초기라 실습 등을 위한 설비는 턱없이 부족했다. 손 교장은 미군 부대로 갔다. 부대에서 쓰다가 못 쓰게 된 공구나 망가진 기계를 버리지 말고 밖에 내놓으면 우리가 모두 가지고 가겠다고 말했다. 미군들은 차로 직접 학교까지 실어다주었다.

학생들은 손 교장이 그렇게 공수해온 공구, 기계, 고철 등을 가지고 실습을 했다. 유일한 박사는 손 교장의 이런 모습을 보고 '그래, 바로 이거야'라며 좋아했다. 유 박사의 염원과 손 교장의 열정, 그리고 우수한 학생들의 성실함이 한데 어우러지자 유한공고는 명실상부한 명문학교로 커나갔다.

"우리 그때 유한공고의 혼(魂), 그 정신을 잊지 맙시다. 유한인으로서 자긍심을 가집시다."

인터뷰가 끝날 무렵, 손종률 교장이 유한의 졸업생들에게 꼭 전하고 싶어 했던 말이다. 이 말 속에는 무(無)에서 유(有)를 창조하듯 학교를 설립해낸 손 교장의 자부심이 담겨 있었다.

유한공고는 전쟁의 폐허에서 벗어나지 못하고 너나 할 것 없이 가난했던 시절, 교육을 통해 젊은이들을 자립시키고 나라를 부강하게 만들어야 한다는 염원에서 설립되었다. 학교 구석구석 어느 곳이나 설립자 유일한, 이사장 김명한, 초대 교장 손종률 그리고 교사와 학생들의 혼이 담기지 않은 곳이 없었다. 그렇게 지금의 유한공고가 탄생하게 된 것이다.

그대들이 있어 나는
행복하다

장대현

전 유한공고 교사

오래전부터 유일한 박사를 존경해왔는데 그분처럼 훌륭한 교육자가 세운 학교에서 학생들을 가르칠 수 있다는 사실만으로도 가슴이 벅찼고 설레였습니다. 유일한 박사님과 그 따님인 유재라 여사 두 분 모두 출중한 능력으로 많은 것을 이루었지만, 개인적으로는 사명과 보람 외에는 아무것도 갖지 않으시고 사회에 기여하신 분입니다. 그런 분들이 설립한 학교에 근무하고, 또 이렇게 훌륭한 제자들을 갖게 된 것은 제 인생에서 가장 큰 행운이고 감사한 일입니다.

장대현 선생님은 마흔여섯 살이던 1966년 여름방학 무렵부터 유
한공고와 인연을 맺기 시작했다. 그때 재직하고 있던 학교는 이리
공고였다. 당시 이리공고는 우리나라 공고 중에서 시설은 가장 좋
았지만 운영이 미숙해서 학생들의 학구열은 많이 떨어져 있었다.
그 누구보다 열정적으로 학생들을 가르치던 그로서는 답답하고
안타까운 노릇이었다. 그러다 친분이 있는 타 학교 교장 선생님의
추천으로 유한공고 교사로 부임하게 되었다.

"영광스러웠습니다. 제 자신이 자랑스럽기도 했고요."

당시의 학교는 모든 시설이 제대로 갖추어져 있지 않았다. 허허
벌판에 학원에 가까운 건물 한 채가 덩그러니 서 있었고 해야 할 일
은 산더미였다. 1970년대 초반까지는 교사와 학생 모두가 학교를

함께 만들어가는 시간이었다.

동료 교사들 모두 열정적이었다. 학생들의 눈빛도 예사롭지 않았다. 다들 순진하고 착했고, 모두들 똑똑했고, 하나같이 공부를 열심히 했다. 수업시간에 책을 보는 아이들의 눈은 반짝반짝 빛났고, 실습시간에 배우고 익히는 손은 야무졌다. 학교 일을 할 때도 두 팔 걷어붙이고 성심껏 했다. 그는 그런 학생들의 모습에 감동한 적이 한두 번이 아니었다. 더 열심히 잘 가르쳐야겠다는 의욕도 샘솟았다.

그는 일본 유학파 출신이다. 열다섯 살 때 일본으로 건너가 5년 동안 학교에 다녔고, 그 후 5년 동안은 일을 했다. 그는 산업화에 박차를 가하는 공업도시 오사카를 보고 깨달은 바가 많았다. 해방되기 불과 얼마 전인 1944년 12월에 조국으로 돌아왔다. 일본 물정을 잘 알았던 그는 일본의 침략 행위는 괘씸했지만, 그들이 공업을 중심으로 부강한 나라를 이루고 있는 점은 우리가 배워야 한다고 믿고 학생들에게 기술을 가르치게 된 것이다.

"주간 수업시간이 35시간이었는데 그중에 실습시간이 15시간이나 되었어요. 그 시간 동안 아주 엄격하게 가르쳤습니다. 졸업하고는 바로 현장에 투입해도 부족함이 없을 정도로 실력을 쌓아야한다는 생각에 저도 열심히 가르쳤고 학생들도 열심히 배웠어요. 4시 30분경에 수업이 끝나도 대부분의 아이들은 남아서 실습을 더했어요. 학생들이 그렇게 열성적으로 배우려고 하는데 저도 남아서 일일이 지도할 수밖에 없었습니다. 정말 신나게 가르쳤습니다."

유한의 제자는 모두 나의 아들

그는 슬하에 딸 하나만 두었다. 대신 유한공고 졸업생 모두가 그에게는 아들이다. 학생들에게도 "얘들아, 우리는 부자지간이다. 너희들은 내게 아들과 같으니 너희도 나를 아버지처럼 생각해라" 하면서 스스럼없이 대했다.

그 시절에는 아버지를 일찍 여읜 아이들이 많았고, 시골에서 서울로 올라와 힘들게 자취생활을 하는 아이들도 많았다. 그런 학생들 모두에게 그는 아버지가 되어주었다. 당시 학교는 무척 규율이 엄격했다. 반듯하고 올바른 인재를 길러내기 위해서였다. 학칙을 엄격하게 적용해서 조금이라도 잘못된 행동을 할 경우 가차 없이 징계를 내렸다.

한번은 그가 담임을 맡은 반 아이들 두 명이 사흘째 무단결석을 했다. 전화도 없던 시절, 걱정의 시간을 보내고 있던 그에게 학생 한 명이 편지를 보내왔다. 부상을 입어서 학교에 못 나가고 있다는 내용이었다. 그는 동대문 밖 창신동 달동네에 사는 학생의 집으로 찾아갔다. 머리에 붕대를 두르고 있던 학생은 왜 부상을 입게 되었는지 자초지종을 설명해주었다.

　세 명의 학생이 싸움을 하게 됐는데 젊은 혈기에 싸움이 커져 한 강변이 거의 백사장이던 때 그 백사장으로까지 가서 격투를 벌였다는 것이다. 이때 수세에 몰린 한 학생이 바닥에 있는 돌멩이로 자신의 머리를 세게 쳐서 부상을 입게 된 것이다. 때린 학생은 그날부터 학교에 나타나지 않았고 연락도 두절되었다.

　다음 날 교직원회의가 열렸는데 학생들 중 두 명에게 퇴학 결정이 내려졌다. 학교의 가르침에 위배되는 행동으로 학교의 명예를 실추시켰다는 이유였다. 하지만 그는 아이들을 구제해주고 싶었다. 교직원회의에서 자신이 학생들을 더 면밀히 보살피고 가르쳐서 다시는 이런 일이 없도록 하겠다고 다짐까지 했으나 한 번 결정된 퇴학을 정학으로 바꾸기란 불가능했다. 그는 지금도 그 아이들을 자주 생각한다. 제대로 키우지도 못한 채 사회로 내보낸 아들마냥 지금도 마음 한 구석이 아리다.

　그는 유한공고 학생들에게 아버지와 같은 존재다. 한번은 국가기관에 취직이 되었는데 신원보증을 서줄 사람이 없다며 찾아온 제자의 부탁을 듣고는 그 자리에서 흔쾌히 보증을 서주었다.

　8회 졸업생이었던 제자 김종인이 아주대학교에서 조교로 있다가 프랑스 교수들로부터 인정을 받아 그들의 추천으로 프랑스 유학을 가게 되었을 때, 그는 마치 진짜 내 자식처럼 자랑스러워했다.

곧바로 손종률 교장 선생님에게 알렸고 손 교장 또한 뛸 듯이 기뻐했다. 그와 손 교장은 제자가 출국하는 날 김포공항까지 가서 환송해줄 정도로 제자 사랑이 지극했다.

그는 지금도 재직 시절의 졸업앨범을 모두 간직하고 있다. 한 번씩 앨범을 열어보며 학생들 한 명 한 명을 아들처럼 흐뭇한 눈으로 바라보곤 한다.

1991년, 그가 칠순을 맞았을 때는 제자들이 고희연을 열어주었다. 어려운 환경을 딛고 자수성가한 제자들, 이 나라 발전의 주축이 된 아들들이 '아버지'를 위해 전경련회관에서 성대하게 생신 잔치를 열어준 것이다. 그는 인생의 보람을 느꼈다.

"몇 해 전 대전 유성으로 여행을 갔을 때 어떻게 알았는지 제자 김종인이 찾아와서 저녁을 함께 했습니다. 귀국해서 텔레비전에도 나올 만큼 성공했더군요. 그런 제자가 찾아와서 저녁을 함께 하는 건, 세상 그 어떤 것보다 기쁜 일이에요. 정말 행복했어요."

그는 유한공고 실습실에서 제자들이 보여준 열정의 땀방울을 아직도 생생히 기억하고 있다. 졸업 후 산업역군으로 성실히 일하다가 작은 회사들을 차려 우리나라 산업 발전에 중요한 역할을 하고 있는 제자들을 무척 자랑스러워했다.

'그놈 학교 때부터 예사롭지 않았어', '공부는 못했지만 똑똑했지', '걔는 원래 공부를 잘하고 학자 스타일이었어' 등 그는 자수성가한 제자들의 이름을 하나하나 대면서 그들을 자랑스럽게 추억했다. 동시에 기초산업에 종사하면서 어려움을 겪고 있는 제자들이 많아 가슴이 아프다며 산업 기반을 다지는 역할을 하는 자긍심을 잃지 말고 유한의 정신으로 강인하게 버텨내주길 당부했다. 그리고 모든 유한의 졸업생들에게 꼭 전하고 싶은 말이 있다고 했다.

"유한의 건아들아, 교가 마지막 구절인 '겨레의 등불 되어 길이 빛나리' 이 구절을 잊지 말자."

1962년, 유한양행의 주식을 직원들에게 나눠주고 주주들이 주인이 되어 책임도 이익도 함께 나누어 갖는 주식회사로 증권거래소에 상장한 후 사옥 앞에서 찍은 사진. 맨 앞줄 왼쪽에서 네 번째가 유일한 박사.

3

유일한의 철학을
사회에 전한
사람들

나누는 삶의 가치를
깨닫다

차동엽

신부

유일한은 '라초이 식품회사'의 공장을 크게 짓고 사원도 많이 뽑았다. 사업 실적은 당초의 기대를 훨씬 웃돌았다. 디트로이트는 물론 오하이오 주, 시카고까지 라초이 식품회사의 물건이 팔려나갔다. 불과 7년 전에 단돈 100달러를 갚기 위해 대학 진학도 뒤로 미룬 채 1년 동안 꼬박 일한 그였다. 이 소식은 태평양 건너 한국에까지 전해졌다.

"유일한이라는 청년이 콩나물 장사로 백만장자가 되었다."

신문에도 일한에 관한 기사가 나곤 했다. 기사 내용 중에 틀린 게 있다면 숙주나물이 태평양을 건너오는 동안 콩나물로 변했다는 것뿐이다. 유일한은 이미 당당한 백만장자가 되었다. 하지만 사업이 번창할수록 그의 가슴 한편의 빈자리는 점점 커지고 있었다.

'누군가 날 부르고 있다. 누구일까?'

'하는 일마다 잘 되리라.' 희망만을 믿고 그것에 의지해 삶을 개척해온 이가 있다. 바로 유한의 아들 차동엽 신부다. 자신의 인생을 넘어 사회 곳곳에 무지개 빛깔 희망을 전파하는 이, 한결같이 겸손하다가도 희망이라는 말 앞에서는 자신만만한 희망 전도사. 차동엽 신부는 유일한 박사의 '함께하는 삶'의 가치를 몸소 실천하고 있으며, 대한민국 사회에 '희망 본능'을 일깨우고 있다.

유한공고에서 치른 첫 중간고사, 40등

차 신부는 3남 2녀 중 넷째로 태어나 남부럽지 않은 환경에서 어린 시절을 보냈다. 당시 아버지는 고려대학교의 전신인 보성전문대학교를 졸업하고 기자로 활동하고 있어서 별다른 어려움을 모르고 자랐다. 하지만 갑자기 가세가 기울어서 연탄 배달과 쌀 배달을 하며 학교를 다녀야 할 정도로 가난해졌다.

5남매 모두 명석했다. 차 신부의 바로 위의 형은 팝송을 들으며 독학한 영어로 영어원서를 술술 읽어낼 정도로 머리가 비상했다. 그런 형의 영향으로 차 신부 또한 영어를 잘했다. '나보다 잘하는 놈 있으면 나와 봐' 하고 당당히 외칠 수 있을 정도였고, 영어 선생님조차 그가 있는 반에 수업을 들어갈 때면 긴장했을 정도다. 그는 문과와 이과 과목 모두 잘했다. 연탄 배달을 하며 틈틈이 배운 수학이었지만 시험만 보면 늘 100점이었고, 따라올 친구가 없었다. 하지만 가정형편은 나아지지 않아 고등학교 등록금조차 낼 수 없었다.

"그즈음에 아버지가 어느 모임에 나가셨다가 손종률 유한공고 교장 선생님을 만나셨어요. 두 분은 대학교 동기입니다. 그때 아버지가 유한공고의 전액 장학금 제도에 관해 듣고는 바로 제게 유한공고 입학시험을 보게 했어요."

유난히 공부를 잘했던 그는 당시 유한공고에서도 커트라인이 가장 높다는 기계과에 당당히 합격했다. 하지만 적성 따위를 따질 여유도 없이, 장학금을 받는다는 이유만으로 입학한 학교였기에 기계 공부에는 그다지 재미를 붙이지 못했다. 입학 후 첫 중간고사 시험, 늘 하던 대로 공부했지만 결과는 너무나 놀라웠다. 60명 중에서 40등이었다. 난생처음 받아보는 하위권 성적. 차 신부는 그때부터 바짝 긴장해서 본격적으로 공부했고 성적은 점점 상위권으로 올라갔다.

그가 유한공고에 다닐 때에는 독학으로 대학에 진학한 선배들이 많았다. 친구들도 진학파와 비진학파로 나뉘기 시작했다. 학교에서는 진학파에 속한 학생들을 위해 예비고사의 모의고사에 응시할 수 있게 해주는 등 조금씩 지원을 하기 시작했다. 그는 진학파 중에서도 성적이 우수한 편이었다. 고3 막바지가 되어서는 실습시간을 제외하고는 집에도 가지 않은 채 학교 도서관에 틀어박혀 공부만 했다. 그는 서울대학교 공대에 합격했다.

"천하를 얻은 것 같았습니다. 엑소더스라고 할까요. 만약 인문계 고등학교를 다니다 서울대에 갔었다면 그 정도로 기쁘진 않았을 거예요. 게다가 장학금도 받게 되었어요. 유한양행에서는 고등학교 장학사업만 한 게 아니라 대학교 장학사업도 했어요. 그 일환으로, 서울대학교에 진학한 유한공고 졸업생 중에서 B학점 이상 받는 학생에게는 장학금을 줬습니다. 정말 감사한 일이죠. 학비는 장학금으로 내고 아르바이트를 조금만 하면 생활비를 벌 수 있었지요. 자유를 얻게 되었습니다."

그가 말하는 자유란 마음껏 책을 읽을 수 있는 자유다. 전공은 공학이었지만 그는 인문학에 빠져들었다. 동서고금을 막론하고 갖가지 철학, 역사 등의 인문서를 섭렵했다. 중국의 20세기를 대표하는 석학 우징슝(吳經熊)이 쓴 《동서의 피안》을 읽으며 동양사상의 뼈대를 잡았고, 빅터 프랭클의 자서전 《죽음의 수용소에서》를 통해서는 아우슈비츠 강제수용소에서도 삶의 의미를 잃지 않았던 인간 정신의 위대함을 엿보았다. 그의 진리 탐구는 독서에만 국한되지 않았다. 사학자 함석헌 선생님을 쫓아다니며 배우기도 했다.

암울한 77학번의 대학생활, 하느님의 음성을 듣다

유신 말기와 5·18을 겪은 대학생의 생활은 암울하기 그지없었다. 젊은이들의 표정에는 슬픔의 기운이 깊게 드리워져 있었다. 특히 차 신부는 당시 학교 내에서 비밀스럽게 떠돌던 미국 하원에서 작성한 한국의 실정에 관한 영문 보고서를 보게 된다. 그 보고서에는 나라를 장악한 권력층이 부정부패로 축적한 엄청난 재산의 현황과 새롭게 부상하고 있는 권력인 전두환의 움직임까지 세세하게 적혀 있었다. 그는 충격과 좌절에 휩싸였다. '이 땅에 민주주의는 언제 찾아올 것이며, 과연 어디서 희망을 찾을 수 있을까.' 암울하기 그지없었다.

"그때부터 미래에 대한 고민을 하기 시작했습니다. 이런 세상에서 회사에 취직해 돈을 벌고 나만 생각하며 살 수는 없다고 생각했어요. 세상을 바꾸는 일, 남을 돕는 일을 하며 살아야겠다는 생각을 했습니다."

그는 변호사가 되기 위해 고시 공부를 하기로 결심했다. 그리고 해군 장교에 지원해 군복무를 시작했다. 다른 군부대에 비해 상대적으로 고시 공부를 병행할 수 있는 여유가 조금은 더 있었기 때문이다. 고3 막바지와도 같았던 고시 공부가 6개월째로 접어들 무렵, 하느님은 그를 두고 다른 인생의 그림을 그리고 계셨다.

"저희 집은 외가 쪽으로 줄곧 가톨릭 신앙이 이어지고 있었습니다. 그때 집에 우환이 몇 가지 있어서 기도할 일이 무척 많았어요. 한번은 조카가 많이 아파서 성당 신부님이 집에까지 오셔서 다 함께 아주 간절하고 깊게 기도를 했습니다. 그날, 저는 놀라운 경험을 했어요. 기도를 하는 도중에 눈을 뜰 수 없을 정도의 찬란한 불빛이 저를 향해 내리더니 하늘의 음성이 들렸습니다. '땅을 보지 말고 하늘을 봐라. 이제 돌아오는 걸 그만두고 바로 오너라' 하시더군요. 하느님이 저를 사제로 부르고 있다는 것을 알게 되었습니다."

하지만 고시 공부를 하던 중이었고, 자신이 사제의 길을 갈 수 있을지에 대한 확신이 서지 않았다. 골방에 들어가 '성경'을 읽었다. 당시 그가 읽은 부분은 '누가복음 19장'이었다.

예수께서 예루살렘 가까이 이르러 그 도성을 바라보며 우셨다.

'오늘 너도 평화를 얻는 길을 알았더라면 얼마나 좋으랴! 그러나 지금 네 눈에는 그것이 보이지 않는구나! 불행한 날들이 닥치리니, 네 원수들이 포위망을 치고 너를 에워싸 사방에서 조여와서 저와 네 안에 사는 자녀들을 짓밟고 돌 위에 돌 하나도 남겨 두지 않을 것이다.'

그의 눈앞에는 생생한 장면이 펼쳐졌다. 예수님이 남산 위에서 어마어마한 형상으로 서울을 내려다보며 울고 계셨다. 1982년, 전두환 정권이 서슬 퍼런 권력의 칼날을 휘두르던 때였다. 예수님이 말씀하셨다.

'이것이 내 마음이다. 내가 너희를 이렇게 사랑한다. 네가 내 마음을 세상에 전해줄 수 있겠느냐?'

그는 곧바로 대답했다.

'네, 그렇게 하겠습니다.'

사제의 길, 그것은 하느님이 그에게 주신 소임이었다. 그는 서울에 있는 가톨릭대학교에 입학했다. 서울대 출신의 재원이었던 그는 가톨릭대학교에서도 금세 두각을 나타냈다. 교수님들이 그에게 유학을 권했다. 당시 유럽 교회와 바티칸에서는 가난한 나라의 가톨릭대학교 학생들을 위해 유학비를 보조해주고 있었다. 그 장학금으로 수많은 예비 사제가 유학을 했었다. 그런데 그가 입학했을 무렵, 우리나라의 경제 수준이 후진국에서 중진국으로 발돋움하게 되면서 장학금 지원 대상에서도 제외되었다. 그의 반에는 각별히 우수한 학생이 몇 명 더 있었다. 교수들은 차 신부를 비롯해서 그 학생들을 유난히 아꼈고 반드시 더 공부를 하게 해야 한다는 책임감을 갖고 있었다. 교수들은 국내에서 유학자금을 조성했다. 그래서 그는 가톨릭대 학생 중에서 최초로 국내 유학자금으로 오스트리아 빈 대학교에 유학을 가게 되었다.

"신학 공부를 한다고들 하면 무척 성스럽고 엄격할 거라고만 생각합니다. 또 유학생활은 힘들 거라고만 생각하지요. 아닙니다. 저는 무척 재미있었습니다. 빈에서 저는 우리나라에서 접하지 못했던 방대한 양의 새로운 책을 만날 수 있었습니다. 물 만난 고기마냥 신났지요."

언어 감각이 뛰어났던 그는 외국어로 공부하는 데 어려움이 없었다. 하지만 비교적 나이가 들어 유학을 가다 보니 입은 많이 굳어 있어서 수업시간에 자유롭게 발표하는 시간이 오면 다소 애를 먹기도 했다. 하지만 그는 금세 비장의 무기를 찾아냈다. 다른 학생들을 가만히 지켜보니 말을 유려하게 한다고 해서 메시지가 잘 전달되는 건 아니었다. 그래서 그는 핵심을 정확하게 잡고 간단명료하게 말을 하기로 했다. 그 전략은 적중했다. 그는 교수들로부터 기대와 인정을 한 몸에 받았다. 박사과정은 험난했지만 그는 남들보다 일찍 학위를 받았다.

"그때의 제 기분을 말로 표현하자면, '기쁨과 자유' 그 자체였습니다. 운전면허를 따면 자유롭게 운전해서 다닐 수 있지요. 그런 면허를 딴 기분이었다고 할까요. 이제 시험이나 학위에 연연하지 않고 자유롭게 연구하고 공부해도 되겠구나 싶었죠."

곧바로 귀국해서 1991년에 인천에서 사제로 서품되었다.

밀리언셀러《무지개원리》출간, 희망 전도사가 되다

그는 귀국하자마자 성당 본당에서 사목(司牧, 천주교나 성공회에서 사제가 신도를 통솔·지도하여 구원의 길로 이끄는 일)을 하면서 신학교 교수요원의 소임을 받았다. 그리고 또 한 가지 소임을 받았는데 그것은 가톨릭이 급변하는 시대의 흐름에 적절히 발맞추기 위한 방법을 연구하는 것이었다. 미래사목연구소는 그런 취지로 꾸려져 지금까지 이어지고 있다. 연구소는 신부들에게 연구자료를 보내고 신자를 양성하는 역할을 하고 있다.

차 신부는 여러 성당을 다니며 강연도 많이 했다. 그는 신자들이 성당에 와서 기도하는 시간뿐 아니라 성당 밖에서도 좋은 인생을 살길 바랐다. 신앙이 인생의 모든 면과 호환되기를 바란 것이다. 그

것이야말로 종교의 완성, 인격의 완성이기 때문이다. 그 뜻을 전하기 위한 일환으로 오랫동안 연구해온 학문에 기반한 책《무지개원리》(2006년)를 펴냈다. 그 책은 종교를 초월해서 대한민국 온 국민에게 '긍정'의 힘을 일깨워주며 밀리언셀러가 되었다.

"된다고 생각하면 다 됩니다. 안 된다고 생각하면 안 됩니다. 그건 선택입니다. 밝게 웃으면서 사는 게 좋아요? 인상 찌푸리며 사는 게 좋아요? 당연히 밝게 웃는 게 좋지요. 좋은데 왜 안 합니까?"

이 책은 그가 빈에서 석사과정 중에 깊이 연구한 유대인의 지혜에 근간을 두고 있다.

"우리의 교육이 현재에 국한된 '공시적' 집단지성이라면, 유대인의 교육은 '통시적' 집단지성입니다. 1000년 전 과거에 유대인들이 깨달은 지혜가 정리되고 압축되어 후손들에게 고스란히 되물림되고 있습니다. 어느 가정에서나 매일매일 실제로 이루어지는 일이에요. 과거 조상들이 깨달은 금싸라기 같은 지혜를 하나도 버리지 않고 후손들에게 전수합니다. 그러니 한 개인 속에는 조상의 지혜가 DNA로 자리 잡게 되는 것이지요. 그 지혜는 시대를 초월하는 지혜입니다.

우리는 어떻습니까? 과거 조상들의 삶에 대한 신뢰가 있습니까? 사회는 급변하고 트렌드는 날로 바뀝니다. 지혜에도 트렌드가 있을 정도니까요. 그래서 우리는 늘 갈팡질팡합니다. 하지만 유대인들은 전통을 문화화했고, 그 문화에 대한 자부심도 대단합니다. 도도하게 유지하면서 점점 더 살찌우지요."

우리가 후손에게 전해야 할 금싸라기 같은 지혜

그는 '무지개원리'를 통해 사회 곳곳에 희망의 메시지를 전했다. 책이 종교를 초월해서 수많은 사람들의 삶에 영향을 미치면서 차 신부의 내공도 더 깊어졌다. 더 많은 사람들에게 희망을 전파해야 한다는 사명은 더 공고해졌다.

차 신부는 우스갯소리로 다른 건 다 양보해도 '희망'만은 양보할 수 없다고 말한다. '희망'에 관해서는 이 세상 최고 권위자임을 자부한다. 인생을 통해 희망의 위대함을 수없이 경험했기 때문이다. 그는 유한공고 후배들에게도 '긍정의 한 수'를 전했다.

"요즘은 중학교를 졸업하면 당연히 인문계 고등학교에 가야 한다고 생각합니다. 공고에 가면 일단 낙오자가 되었다고 여기는 거죠. 하지만 절대 그렇지 않습니다. 지금 우리 교육의 사각지대가 바로 '의미 부여, 가치 부여'입니다.

한국에서 잘나가던 한 분이 캐나다에 가서 용접 기술을 배워 일을 하는데 큰 보람을 느낀다고 합니다. 캐나다 사회는 그런 기술에도 다 의미가 부여되기 때문이죠. 청소부에게도 자부심을 갖게 하는 교육을 하는 겁니다. 청소를 하면 주변이 더 깨끗해지니까 그 가치를 인정하는 교육을 하고 있는 거죠. 우리도 점점 그렇게 되어가고 있습니다. 지금 당장 남들이 알아주지 않는 일이라고 해서 그만두지 않았으면 합니다. 이 세상에 의미 없는 일은 없어요. 가치 없는 일도 없고요."

차 신부는 하느님께 자신을 신부로 살게 하실 거면, 중학교나 고등학교를 졸업하자마자 바로 오게 하시지 왜 돌고 돌아 이제야 오게 하셨을까 물었다. 기도하고 사목하며 깨달았다. 모든 것이 연결되어 있고 다 의미를 갖고 있었다는 것을 말이다.

"지금 제 내공은 유한공고 시절 배운 기술과 공학에서 비롯된 거예요. 저는 말을 할 때 아주 구체적으로 합니다. 사실 종교는 추상적이죠. 신학과 철학만 공부한 사람은 추상적으로 말합니다. 그런 말들은 보이지 않고 만져지지도 않아요.

하지만 저처럼 기술과 공학을 공부한 사람은 달라요. 기술과 공학은 구체적인 수치가 아주 중요하거든요. 그래서 저는 제 뜻을 전할 때도 아주 쉽고 구체적으로 와 닿게 말하려고 애를 씁니다. 그래서인지 듣는 사람들이 잘 받아들이는 것 같아요. 아무리 희망에 대해 열변을 토해도 듣는 사람이 전혀 감흥을 못 느낀다면 그게 무슨 소용입니까. 그러고 보면 세상의 모든 것은 다 의미가 있습니다. 버릴 것이 하나도 없어요. 지금 하고 있는 일이나 공부가 언젠가는 자신만의 강점으로 작용합니다. 모든 것이 희망입니다.”

차 신부는 존경하는 인물로 유일한 박사를 꼽았다. 자신의 인생에 큰 영향을 미친 인물로도 유일한 박사를 꼽았다. 나와 내 가정을 넘어 함께하는 삶, 나누는 삶의 가치를 일깨워줬기 때문이다. 그는 지금도 큰 결정을 내려야 하는 순간에는 유일한 박사의 정신이 자신을 독려하고 있음을 느낀다고 말한다. 희망 전도사 차동엽 신부, 그는 유한의 가족들에게도 절실한 긍정의 메시지를 전했다.

“하는 일마다 잘 되리라.”

노력 앞에 세상은
공평합니다

윤희기

전 국민은행장 지점장

모든 대학생들이 그러했지만 일한도 학비를 벌지 않으면 안 되었다. 대개의 유학생
들은 식당에서 식기를 닦거나 청소를 하며 학비를 벌었다. 하지만 일한은 달랐다.
'머리를 쓰자. 남들이 하지 않는 일을 해야 돈을 벌 수 있다. 그래, 장사를 하자.'
며칠 동안 궁리를 하다가, 어느 날 점심을 먹으러 중국인이 운영하는 만두집에 들
어갔다. 빨간 수를 놓은 노리개가 눈에 띄었다. 일한의 머리에 번쩍 불이 들어왔다.
'맞다. 저거다! 고국에 대한 그리움, 향수를 팔아보는 거다.'
일한은 중국산 손수건, 카펫, 노리개 등을 가지고 중국인 거리로 나갔다. 대성공이
었다. 물건은 갖고 나가는 족족 불티나게 팔렸다.

학교가 설립되자마자 입학했던 초기 졸업생들은 하나같이 당시에
는 공부 말고도 학교 일이 무척 많았다고 회상했다. 이처럼 유한공
고라는 명문학교가 세워지기까지 설립자의 훌륭하고 투철한 설립
이념뿐 아니라, 수많은 교사와 학생들의 땀방울이 바다처럼 모여
지는 시간이 필요했다. 그 땀방울은 훗날 모든 학생의 인생에 큰 의
미로 남았다. 그 수고의 시간에 대한 보상을 가장 크게 받은 이가
있다. 바로 1회 졸업생, 윤희기 전 국민은행 지점장이다.

　윤 지점장 역시 장학금을 받지 못하면 공부를 할 수 없을 정도로
가난한 고학생이었다. 고등학교 진학조차 불가능한 처지였는데 유
한공고 덕분에 전액 장학금을 받고 공부할 수 있게 된 것이다. 그
누구보다 설렜고 학교생활에 대한 기대도 컸다. 하지만 꿈에 부풀

어 있었던 것도 잠시, 학교생활은 녹록지 않았다. 편히 앉아 공부만 하는 생활과는 거리가 멀었다. 학교가 설립되고 제 모습을 갖추기까지 3년여의 시간이 걸렸는데 그동안 학교는 공사판과도 같았다.

"포클레인은 고사하고 제대로 된 장비도 없었어요. 그런데도 산을 깎아야 했고 땅을 다져야 했습니다. 험한 일이 무척 많았어요. 지금 생각해보면 웃음이 나는 일들도 많았지요. 학교 고문 중에 미국인이 한 분 계셨어요. 운동장 평탄화작업을 할 때였는데, 여러 명이 힘을 합쳐 전봇대 하나를 구해다가 그 미국인 고문의 자동차 위에 올려서 꽁꽁 묶었어요. 그리고 그 차로 운동장을 돌았어요. 자동차에 전봇대 무게까지 더해지니 차가 다니는 땅은 평평해질 수밖에 없는 거죠. 통나무, 고철 등 무거운 것들 무지하게 날랐어요. 여름이면 속옷까지 다 축축하게 젖었고, 겨울에는 온몸이 다 얼었습니다."

해야 할 일은 많고 사람은 몇 안 되고 장비도 열악했지만, '안 되는 일'이란 없었다. 그는 그때를 추억하면 참 고생스러웠다는 생각이 들지만, 당시에는 누구 하나 힘들다고 불평하는 이가 없었고 '당연히 해야 할 일'로 여겼다고 말한다. 학생들의 천성이 워낙 착하고 성실한 데다, 학교에서도 성실을 강조했기 때문이다.

학교가 점점 제 모습을 갖춰가면서 동시에 그도 건축학과 학생으로 점차 완성되어갔다. 그는 수업시간에 배운 건축학 지식, 실습시간에 익힌 실기 능력 그리고 현장에서 흘린 땀방울과 깨친 감

(感), 성실까지 갖춘 훌륭한 청년이자 일꾼이 되어가고 있었다.

땀과 노력은 배신하지 않는 법. 당장은 아무도 몰라주는 것 같고 해야 할 일과 공부는 끝이 없을 것 같지만 언젠가는 반드시 그 보상이 돌아오기 마련이다. 졸업 무렵, 국민은행에서 주택사업 부문에서 인원을 충원하기 위해 '공고 건축학과 출신'을 모집한다는 공고를 냈다. 은행은 당시 최고의 직장이 아니던가. 그런데 행원은 보통 대졸자 중에서도 법학이나 상경 계열 전공자들 일색이었고, 고졸자 중에서는 상업고등학교 졸업자들이 입사할 수 있었다. 공고 건축학과 출신 채용은 그야말로 특별채용이었다.

200명이 넘는 학생들이 몰렸다. 건축, 영어, 상식, 논술 등의 시험을 거치면서 거르고 걸러져 3명이 합격했다. 윤 지점장이 그중 한 명이었다. 70대 1의 경쟁률을 뚫고 당당히 합격한 것이다.

"제가 입사한 이후 공고 건축과 졸업생을 뽑은 적이 한 번도 없어요. 국민은행 채용 역사상 전무후무한 특별채용이었습니다. 학교에서 워낙 공부와 실습을 엄격하게 시켰고, 또 저는 현장 경험까지 갖추고 있었기에 합격할 수 있었던 것 같습니다."

하늘이 준 기회를 잡은 그는 입사 후에도 유한의 정신을 잊지 않고 실천해나갔다. 그 누구보다 성실했다. 유한공고를 함께 만들어가던 그때의 뚝심과 정열을 그대로 간직한 채 하루하루 최선을 다해 일했고, 지점장까지 승진했다.

유한공고 입학, 하늘이 내게 준 기회

막상 은행에 입사하고 보니 행원들 대부분은 명문 대학 졸업생과 명문 상고 출신이었다. 그들이 소위 회사를 좌지우지하고 있었다. 그 틈바구니에서 공고 출신인 그는 '가방끈 짧은 사람' 취급을 받았다. 하지만 유한공고 출신답게 일찍 철이 들고 성숙했기에 서럽거나 억울하다는 생각은 하지 않았다.

"아직 내 실력을 보여줄 기회가 오지 않았다고 생각했습니다. 당시는 건축과 특별채용으로 입사해도 은행 업무를 다 해야 했습니다. 은행 일의 기본이자 필수라 할 수 있는 주산과 부기도 열심히 공부했습니다. 무섭게 연습했지요. 유한공고 졸업생답게 세상에 안 되는 건 없다고 믿었습니다."

그의 노력은 빛을 발하기 시작했다. 상사와 동료들로부터 인정받았고, 유한공고 출신은 역시 다르다는 믿음을 심어놓았다. 그는 확신에 찬 목소리로 말했다.

"세상은 공평하지 않습니다. 그건 당연한 이치예요. 학력 차별은 어느 나라건 다 있습니다. 그렇다면 무조건 좋은 대학 나오고 가방끈 긴 사람이 더 잘살고 성공하는가. 그건 절대 그렇지 않아요. 인생을 마라톤에 비유하자면 출발선이 다를 뿐입니다. 달리다 보면 순서는 계속 바뀌게 마련이에요. 출신은 '주어지는 것'이라면 그 다음부터는 노력으로 얼마든지 바꿀 수 있습니다. 공평하지 않은 세상에서 공평하게 사는 방법, 그건 바로 노력으로 실력을 키우는 겁니다. 세상은 노력 앞에서는 정말 공평합니다."

그는 기초와 기본을 강조했다. 씨앗 없이는 꽃이 필 수 없고, 열매를 맺지 못하듯 개인이 꽃을 피우고 열매를 맺기 위해서는 그 씨앗이 되는 기초와 기본을 탄탄히 해야 한다고 말했다. 그에게는 유한공고 시절의 실습시간, 은행 입사 후의 주산과 부기 공부시간이 그 열매를 위해 씨앗을 심는 시간이었다. 그 후 끊임없이 다듬고 채워나갔다. 때로는 자신의 능력을 당당히 알리기 위한 노력도 했다.

"저는 가만히 앉아서 잘 되기만을 바라는 사람들, 노력도 하지 않고 세상 탓 남 탓 하는 사람들이 제일 한심합니다. 재벌들이 왜 돈을 긁어모으는지 아세요? 계속 돈 벌 궁리를 하고 실천해서 그런 겁니다. 산을 보고 경치 구경만 하는 사람이 있는 반면, 산을 깎아 골프장을 만드는 사람도 있습니다. 돈 벌 궁리를 하는 사람들은 산에 눈이 쌓인 걸 보면 스키장을 만듭니다. 포털회사, 게임회사로 돈을 번 젊은 부자들도 수두룩합니다. 그들 모두 처음에는 빈손으로 시작했지만 열정과 아이디어만은 확실했습니다. 부모로부터 물려받은 게 아니에요. 성공하는 사람은 그렇게 성공합니다. 가만히 앉아서 바라기만 하는 사람들에게 세상은 절대 공평하지 않습니다. 아무리 탓을 해도 세상이 내 편이 되어주질 않아요."

윤 지점장은 유한공고 입학과 국민은행 입사를 하늘이 자신에게
준 기회라 생각했다. 당연히 온 정신을 다해 공부하고 일했다. 그
노력의 대가로 인생의 큰 열매를 맺은 그는 열악한 환경에서도 열
심히 살다 보면 하늘은 반드시 기회를 준다고 말했다. 그 산증인이
바로 자신이라면서 환한 미소를 지어 보였다.

"세상은 공평합니다. 노력 앞에서는요. 저뿐 아니라 유한의 졸업
생들이 바로 산증인입니다."

유일한박사처럼 사회 공헌하는 데
내 인생을 바칠 터

허상회

미국 뉴욕 맨하탄아트 대표

1952년 한국전쟁 중 유일한은 미국에서 유한양행에 이런 지시를 내렸다.
"전쟁이 끝나면 폐허가 된 조국을 건설할 기술이 있어야 할 것이다. 가난해서 배우지 못하는 학생들에게 학비와 숙식까지 무료로 하여 기술을 배울 수 있는 학교를 설립하도록 하여라."
유일한이 이루고자 했던 두 번째 사업은 그때부터 시작됐다. 경기도 소사공장 안에 이렇게 설립된 고려공과기술학교는 2회 졸업생을 내는 것으로 끝났다. 고려공과기술학교는 1957년에 영등포 대방동으로 옮겨 건물을 새로 짓고 고려공과학원으로 운영하다가 이름을 바꿔 한국직업학원이 되었다.

"저는 비록 중학교는 못 갔지만 지금, 서울의 인쇄소 도안실에서 잡일을 하며, 틈틈이 도안을 배우면서 미래에 유명한 예술가가 되겠다는 꿈을 버리지 않고 열심히 살고 있습니다. 선생님이 선인중학교에 미술 장학생으로 추천해 주셨는데, 그걸 받아들이지 못한 저를 용서해 주세요. 제가 돈을 벌어야 집안에 도움을 줄 수 있는 형편이라 어쩔 수 없었습니다. 제 미술 실력을 누구보다도 인정해 주시고 크레파스와 도화지 등을 사주시고 전국미술대회에 출전시켜 주시던 모습, 그리고 방과 후 선생님께서 몰래 저를 불러서 학교 급식 때 남겨둔 옥수수빵을 2~3개씩 항상 더 주셨던 일들은 평생 잊지 못할 것입니다."

현재 미국 뉴저지 주 오라델에서 살고 있는 허상회 대표가

1966년 인천 산곡초등학교를 졸업한 이듬해 자신을 아껴준 최덕래 담임선생님에게 보낸 편지 내용이다.

그는 초등학교 시절 매우 똘똘했다. 매주 월요일이면 운동장에서 전교생이 모이는 아침조회가 열렸다. 그때마다 항상 그의 담임선생님들은 그를 맨 앞자리에 미리 세워두었다. 교장 선생님 말씀이 끝나면 각종 시상식이 있었는데, 미술대회 시상식 때마다 그의 이름이 불리면서 상을 휩쓸었기 때문이다.

그는 미군부대에 소속돼 건축 일을 하던 아버지와 양녕대군 가문의 전주이씨인 어머니 사이에서 태어났다. 초등학교 3학년까지는 남부럽지 않은 가정이었다. 그러나 그 이후 아버지가 직장을 그만두고 받은 퇴직금을 외삼촌의 중병을 고치는 수술비로 거의 다 쓴 이후부터 가세가 급격히 기울기 시작했다.

손등 위에 새긴 어린 시절의 다짐

그는 초등학교를 졸업하고 을지로 6가에 있는 고려문화인쇄소에 취직할 수밖에 없는 상황이었다. 12세의 어린 나이였던 그에게는 이름도 없이 그냥 "꼬마야"로 주변 사람들에게 불렸다. 평화시장의 옷 상표를 만드는 그곳에서 하루 두세 번씩 청계천의 평화시장과 인쇄소를 오가며 심부름을 도맡아 하는 것이 그의 일이었다.

늘 배고픈 그 시절, 이런 일도 있었다. 그가 심부름을 가는 도중에는 여기저기 호떡을 구워서 파는 포장마차가 많았는데, 그 호떡을 사 먹는 순간이 너무나도 행복해서 그 무엇과도 비교할 수 없었다고 한다. 하루는 주머니에 계획된 돈밖에 없어 호떡의 유혹을 벗어나려고 자신과의 싸움을 하며 걷고 있었다. 그리고 한두 호떡집은 무사히 통과했다. 그러나 자기 자신도 모르게 마지막 집에서 쓰면 안 되는 중요한 돈으로 몇 개를 사 먹고야 말았다.

그리고 집에 돌아와서는 너무나 자기 자신을 원망했고, 다시는 그러한 일을 반복하지 않겠다는 결심을 단단히 한 후 손등에 '決(결)'자를 문신했다. 그 이후로는 호떡 먹는 것을 끊어버렸다. 현재 그는 60세가 넘었지만 여전히 왼쪽 손등에는 '決'자가 선명히 남아 있었다. 그는 지금도 스스로 자기 자신의 삶을 관리하는 징표로 여기며 그 문신을 사랑한다고 했다.

그는 도안실에서는 당시 인쇄업계에서 유명한 백승범 선생님의 보조 역할을 맡았다. 주로 붓을 빨고 물감을 접시에 타고 닦는 일 그리고 도안 용구와 책상을 정리하는 일들이 전부였다. 그런데 그 당시 인쇄소 안에는 수동 석판 인쇄기와 자동 오프셋 인쇄기가 있었고, 도안실에서 모든 인쇄 원판을 아연판 위에 직접 그려서 사용했으므로 2~3밀리미터 크기의 작은 인쇄체 글자와 마크 등을 완벽하게 손끝으로 그려내야 도안사로 인정받았다.

정말로 손끝이 기계처럼 움직이는 달인이 되어야만 가능한 직업이었다. 그는 도안사가 되기 위해 인쇄소에서 숙식을 하며 밤 시간을 이용해 틈틈이 각국의 잔 글자와 다양한 종류의 심벌마크를 그리는 연습에 몰두했다. 드디어 15세 되는 입사 3년째 해에 도안을 직접 맡아서 하기 시작했고, 정식 도안사 수준으로 인정받았다.

1968년 박정희 대통령 시절 김신조 일당 31명의 무장간첩들이 청와대 습격을 시도했다. 온 나라가 한동안 떠들썩하면서 그도 세상이 뒤집혀지는 줄 알았다. 당시 삶과 죽음, 인생, 미래 등에 대한 잡다한 생각이 머릿속을 혼란하게 만들었다고 한다.

그는 "내가 이대로 인쇄소 도안사로 머무른다면, 훗날에 내 자식들이 뭐라고 할까? 아버지의 학벌은 국졸, 직업은 인쇄도안사라고 하겠지"라는 생각을 하면서 자신의 미래를 스스로 받아들일 수 없는 고통의 시간을 보냈다. 인쇄도안사 직업에 많은 회의를 느꼈던 것이다. 그래서 그는 그해 가을 모든 것을 버리고 고향으로 돌아가기로 결심을 했다.

고입 검정고시 합격과 함께 찾아온 고통

고향에 있는 그의 동창생들은 벌써 고등학생이었다. 하지만 그는 집에 돌아와서 고입 검정고시 공부를 준비하는 처지였다. 3년간 중학교 과정이 공백으로 남아 있는 그로서는 고입 검정고시 합격이 그야말로 목숨을 건 최대의 도전과 목표였다.

1년 후 드디어 검정고시에 합격해 너무나 기뻐했던 그에게 또 다른 시련이 기다리고 있었다. 1년간 집의 다락방에서 거의 움직이지 않고 공부에만 매달렸던 탓인지, 소화장애가 일어났다. 위와 장이 움직이지 않아 위장의 연동과 분절 운동이 마비되어버린 것이다.

힘겹게 몸을 일으킨 그는 유한공고를 택했다. 3년 전교생 장학 제도에 유한양행을 설립한 존경받는 기업인인 유일한 박사님이 세운 학교로 수준 높은 학교로 인정받고 있었기 때문이었다.

또 어깨에 버드나무로 상징되는 둥그런 유한 견장을 달고 다니는 유한공고 학생들은 공부 잘하는 엘리트로 보였다. 그해 신설된 자동차과에 입학한 그는 인생 최고의 시간들을 보내며 운동으로 장을 활성화시켜 건강을 되찾는 일에 주력하며 공부와 미술을 병행해나갔다. 건강도 점점 좋아졌다.

다른 학교와 비교할 수 없는 유한공고만의 교육철학

그는 반에서 미화부장으로 활동하며, 환경미화와 게시판 디자인 등에 신경을 썼다. 교내 주최 환경미화대회에서 그의 반이 두 번이나 1등을 했다. 당시 그가 속한 반의 표어들은 모두 그가 직접 인쇄체로 정교하게 써서 붙였는데, 하루는 손종률 교장 선생님이 그를 교장실로 불러 그가 만든 표어들을 보셨다면서 놀라워했다.

"어떻게 손으로 그렇게 쓸 수가 있지? 인쇄한 걸로 알았는데 자세히 보니까 그린 거더군."

그가 과거 인쇄소 시절의 이야기를 들려주자, 손종률 교장은 "이번에 내가 미국에서 가까이 지내던 하네이 박사(유명 과학자)가 유한공고를 방문하는데, 정문에 플래카드도 걸고 환영식을 할 계획이야. 하네이 박사님께 감사장을 드려야 할 텐데, 상회가 직접 인쇄체로 써주면 어떨까"라고 했다.

그는 영광으로 생각하고 감사장을 흔쾌히 써 드렸다. 그는 유한공고 시절 유일한 박사로부터 많은 영향을 받았다고 했다. 또한 학교 선생님들의 봉사정신에 감명도 많이 받았다고 했다. 분명 사회 공헌의 철학으로 설립된 유한공고는 다른 고교와는 비교할 수 없는 훌륭한 교육철학을 실천하는 학교였다. 허상회 대표는 잠시 추억에 젖었다.

"때때로 학교 위쪽에 있는 유한동산의 숲에 올라갔어요. 노래도 절로 나오고 마음의 여유를 찾는 공간이었습니다. 그곳에선 백일장도 열리고, 운동회 때 보물찾기도 했습니다. 때때로 동산 가꾸는 일에 우리 학생들이 동원되었지만 다들 즐겁게 삽질을 하고 나무를 심었지요. 그때의 기억은 지금도 엊그제처럼 생생한 추억으로 남아 있습니다."

실제로 유한공고 학생들은 돈 한 푼 내지 않는 장학제도의 학교에 다니면서도 선생님들의 사랑을 가장 많이 받았다. 선생님들은 교육에 남다른 열정을 보였고, 지혜와 도덕과 체육을 골고루 발전시키며 전문 직업교육과 함께 인성교육에 정열을 쏟았다. 교내에서 치러진 유일한 박사의 장례식 땐 '우리 다시 만날 때까지'란 찬송가를 부르며 고인의 명복을 빌었다.

그는 유일한 박사에게서 지대한 영향을 받았다고 고백했다. 아마도 청년기 이후의 모든 삶은 유 박사의 인생관을 자신의 것으로 받아들였다고 해도 과언이 아니란다.

"미국 유학 시절 독립운동에 관여한 일, 흔들리지 않는 도덕관과 국가관을 바탕으로 끝없이 미래에 도전하고 개척해나가는 불굴의 정신, 경제의 힘이 국가의 힘이라고 굳게 믿은 선각자의 예지력 그리고 불법과 탈세가 만연한 자본주의 사회에서 오직 국가와 민족을 위한 애국적인 기업 발전이라는 하나의 목표만을 향해 달려간 삶,

사망과 함께 모든 유산을 사회에 환원한 유일한 박사님은 모든 유한가족, 더 나아가 모든 국민이 가슴에 담고 사랑하는 이름입니다."

제일기획에 입사했으나 1년 만에 프리랜서 선언

그는 고교 졸업 후 중앙대학교 미술대학에 입학했으나 군복무 후 홍익대학교 야간대학 3학년으로 편입했다. 1980년 홍익대학교 미술대학을 졸업하고 제일기획에 디자이너로 입사했다. 당시는 공개 채용으로 입사한 신입사원이었지만, 3~5년 차 대리나 차장보다도 더 많은 그래픽 디자이너의 경력을 갖추고 있었다.

그것을 인정해준 이는 소속 부서의 홍익대 선배인 이성구 차장(나중에 롯데디자인 사장을 지냄)이었다. 그 선배는 금강제화 비제바노, 크라운 맥주 등의 중요한 광고 제작을 그에게 직접 할당해주면서 마음껏 실력을 발휘할 수 있게 해줬다. 그해 그는 제일기획 광고대상인 FAC어워드 5개 분야에서 일러스트상, 디자인상, 광고대상 3개 부문을 수상했다. 그는 국내에서 제일 큰 광고대행사에서 일한다는 것이 자랑스러웠다. 그러나 조직이 갖춘 틀과 제도, 경영 원칙 등은 그가 자유로운 창의성을 충분히 발휘하기에는 적합하지 않게 다가왔다.

결국 그는 1년 만에 프리랜서를 선언하고 충무로에 일러스트레이션 작업실을 열었다. 당시 그래픽디자인의 사관학교 같은 역할을 했던 제일기획은 그에게 또 다른 기회를 제공했다. 하우스 에이전시(House Agency) 신설 붐이 세차게 일던 그 즈음, 제일기획 근무 시절의 동기들과 선후배들이 롯데의 대홍기획, 두산의 오리콤, 현대의 금강기획, LG의 엘지애드, 해태의 코래드 등 광고대행사 디자이너로 스카우트되면서 대부분 그의 클라이언트가 됐다. 삼성전자의 휴먼테크 시리즈, 대우냉장고 도미그림, 현대전자의 날아가는 황금 거북선, 오비맥주, 버드와이저 등 셀 수 없는 신문과 TV 광고, 지하철 광고에 쓰이는 일러스트레이션을 불철주야로 그려냈다.

불같은 삶을 정리하고 미국 유학길에 오르다

1984년 스위스의 세계적인 디자인 전문서적 《ART DIRECTORS INDEX》에 그동안 많이 알려진 그의 일러스트레이션 작품들과 우주의 신비 시리즈 8점이 국내 미술 디자인계 최초로 2년에 걸쳐 게재되었다. 1986년에는 일본의 〈요미우리〉 신문사에서 주최하는 세계 일러스트 비엔날레에 당당히 100대 작가로 선정돼 도쿄를 거쳐 요코하마 순회 전시회에 초대작가로 참여했다.

"이제 와서 생각해 보니, 지난 일러스트레이터 10년의 생활은 정말로 창작과 주문그림 출품 등으로 밤과 낮을 구분하지 않고 그림 속에 파묻혀 산 불같은 시간이었던 것 같습니다."

그는 실제 그 기간 동안 3000여 점의 작품을 완성했고, 〈IDEA〉, 〈International Illustration Vol. 1〉, 〈월간 디자인〉, 〈Art Director〉 등 세계적인 저명 미술잡지들에 작품들이 소개됐다. 1988년에는 그동안 발표한 대표적인 작품들을 모아 작업 방법이 소개된 일러스트레이션 작품집이 한미서관에 의해 출판돼 전국 서점에서 판매됐고, 1992년 롯데백화점 소공동 전시실에서 개최된 그림자 테마전을 끝으로 미국 유학길에 올랐다.

그는 뉴욕의 비주얼아트스쿨(School of Visual Arts)에서 파인 아트(Fine Art)를 다시 전공해 'BFA 학위'를 취득했으며, 뉴저지 주에 정착해 23년째 살고 있다. 파주 금촌 출신으로 미술을 전공한 부인(이경순 씨)과 한국에서 결혼해 당시 초등학생과 유치원생이었던 두 자녀를 데리고 미국에 왔는데, 현재 큰딸은 코넬 대학교와 뉴욕대 로스쿨을 거쳐 변호사로 활동하고 있고, 둘째(아들)도 코넬 대학교를 졸업하고 한국 군대를 자원입대해 복무를 마친 후 뉴욕대 로스쿨에서 마지막 학기를 보내고 있다.

그는 뉴욕에 처음 갔을 때 모교인 유한공고와 유사한 학교를 발견하고는 반가움과 함께 놀라움을 금치 못했다고 한다. 바로 쿠퍼유니언이라는 4년제 대학인데, 전교생 4년 장학제도를 시행하는 학교다. 미국에서 아는 사람은 다 아는 소규모의 명문대학이었다. 1920년대 미국의 대륙 간 철도를 처음 건설한 사업가는 자신의 가난했던 어린 시절을 생각하며 "교육은 물과 공기처럼 누구나 먹고 마실 수 있어야 한다"는 취지로 개인 재산을 바친 장학재단을 기반으로 자신의 이름을 딴 쿠퍼유니언을 설립했다. 이 대학은 공과대학과 미술과·건축과를 두고 있으며 80여 년을 지속해 오고 있다.

맨하탄아트를 국제적인 미술교육 기관으로 도약시키다

그는 미국 유학 시절 초기부터 '맨하탄아트'라는 국제 미술교육 기관을 맨해튼에 설립했다. 그리고 파슨스, 로드아일랜드, 프렛, 시카고아트, SVA 등 미국의 명문 미술대학에 2000명 이상을 합격시켰으며, 누적 장학금 액수가 1억 9000만 달러에 이르는 성과를 거두었다. 특히 쿠퍼유니언 지원반을 통해서는 23명의 학생들을 입학시켰다. 쿠퍼유니언은 미술과·건축과가 미술작품을 필수 포트폴리오로 요구하지만 워낙 경쟁률이 치열해서 좀처럼 합격하기가 쉽지 않다.

　그는 쿠퍼유니언의 입시 경향을 면밀히 분석해 아카데믹한 미술 기본 숙련도에 초점을 맞추어 지도해 오고 있다. 특히 한 선을 사용하여 손을 떼지 않고 그리는 'One Line Gesture Drawing'을 개발해 20여 년간 보급하는 과정에서 쿠퍼유니언을 비롯한 각 대학으로부터 커다란 호응을 받아왔다. 지난 23년간 2000명이 넘는 학생들이 맨하탄아트에서 배출되었고, 그들이 각처에서 One Line Gesture Drawing을 보급하여 이제 뉴욕 일대에서는 보편적인 미술 기법이 되었다.

현재 맨하탄아트에서는 그를 비롯해 쿠퍼유니언, 파슨스, SVA 출신의 제자들이 교사진을 구성하고 있어서 원장의 기풍과 그들의 젊은 창의성을 잘 조화시켜 학생들에게 전달하고 있다. 맨하탄아트는 뉴욕 본원을 비롯해 뉴저지 분원과 서울 분원이 있으며, 오늘날까지 23년의 전통을 가진 최초의 국제 미술교육 기관으로 자리 잡고 있다.

1995년 미술 디자인 전문서적 〈DESIGN & NEW YORK〉에서 뉴욕의 톱5 미술기관을 선정해 취재했는데 프렛 대학교, 저명한 뉴욕의 디자인 회사들과 함께 맨하탄아트와 허상회 원장이 선정돼 책의 주요 내용을 장식하기도 했다.

이제 그는 유한공고나 미국의 쿠퍼유니언 같은 학교에 관심을 갖고 있으며, 교육의 혜택을 넓혀서 사회에 공헌하는 유일한 박사님의 뜻을 기리는 일에 자신의 인생을 바치려는 일념으로 살고 있다. 오늘도 아침 일찍부터 고요한 화실에서 음악을 친구 삼아 인생과 예술을 관조하고, 삶의 의미를 되새기며 캔버스 위에 부지런히 붓질을 하고 있는 허상회 대표. 그는 2014년 가을, 뉴욕 첼시의 쿠하우스(COOHOUSE) 화랑에서 개인전을 열고, 2015년 6월에는 서울 예술의전당 한가람미술관에서 개인전을 열기 위해 한국을 찾았다. 그는 자신의 작품 세계에 대해 "물질문명과 산업화의 그늘에서 신음하는 사람들에게 위로를 건네는 것"이라고 설명했다. 개인 작품 활동을 하면서도 파슨스를 비롯해 로드아일랜드, 시카고아트 등 미국 명문 미술대학에 2000명 이상을 합격시킨 그 비결에 대해 묻자 "한국 미술과 미국 미술의 장점을 모아 교수법을 만들었는데, 이게 잘 통했다"고 말한다. 또 미국 미술계에 자신의 제자들이 많은데, 한국 작가들이 미국에 진출하는 데 다리를 놓고 싶다는 바람을 전하기도 했다.

유일한의 가르침을 받은 의사는
달라야합니다

윤철수

아름다운성형외과의원 원장

1945년 8월 15일, 대한민국 방방곡곡은 기쁨의 물결이 넘쳐났다. 일본이 항복을 선언한 것이다. 유일한 박사는 조국으로 돌아왔다. 많은 사람들은 그가 귀국한 뒤 정치에 몸담을 것이라고 생각했다. 미국에서 공부했고 독립운동을 한 경력도 있으며, 일제 치하에서 기업을 경영하면서 그들과 단 한 차례도 협력하거나 타협한 일이 없었다. 더욱이 해방 전까지 미군에서 정보고문으로 일했기 때문에 누구보다 권력을 잡는 데 유리했다. 하지만 유 박사는 단호했다. 오로지 순수한 기업가로 남고자 했다. 이승만의 정치자금 요구도 단번에 거절했다.

"내가 그에게 협조하면 분명 큰 이득을 얻을 수 있다. 권력의 한 모퉁이를 차지할 수도 있다. 하지만 안 된다. 식민지 하에서 독립운동을 위해 쓸 자금이라면 몰라도 정치자금은 대줄 수 없다."

유한공고 졸업생들은 사회 각계각층에서 다양한 활약상을 펼치고 있다. 법조계뿐 아니라 의료계에서도 유한공고 출신의 남다른 우수함을 알리는 이가 있는데, 바로 아름다운성형외과 윤철수 원장이다. 그는 의사로서 자신의 직분에 충실함과 동시에 사회 곳곳에 도사리고 있는 각종 불합리함을 개혁하는 데도 앞장서고 있다. 이러한 활동을 '유일한 박사의 은덕'이라고 말하는 윤철수 원장을 일산의 병원에서 만났다.

윤 원장은 7남매 중 넷째로 태어났다. 어려서부터 남달리 성격이 밝고 공부도 잘했다. 당시에 아버지는 철도청에 근무하고 있었는데, 그가 초등학교 때 위암 판정을 받으셨다. 대학병원에서 수술을 했지만 의사는 한 달밖에 살 수 없다고 했다. 아버지가 철도청

일을 그만두고 투병생활을 하게 되자 가세가 기울기 시작했다. 집도 다른 동네에 있는 싼 집으로 옮겼다. 가난이 시작되었다.

"제가 의사가 된 데에는 아버지의 영향이 큽니다. 그때 의사가 한 달밖에 못 사신다고 한 아버지는 그 후로도 오래오래 사셨습니다. 아흔 살까지 사셨어요. 그때 그 의사는 도대체 왜 그랬을까요. 하하하."

하지만 그가 한창 공부해야 하는 시기에 집안의 가장이었던 아버지는 곧 죽을 사람이었다. 당장의 생계를 걱정해야 할 정도로 찢어지게 가난한 생활이 계속 되었다.

유한공고만의 독특한 면학 분위기

"고등학교 입학은 엄두도 못 낼 상황이었죠. 담임선생님이 전액 장학금을 주는 학교의 원서를 두 개 구해다 주셨는데 그게 철도고등학교와 유한공고였어요. 그런데 철도청에 근무하다 퇴사하신 아버지가 철도고등학교 진학을 말리시는 바람에 유한공고에 가게 되었어요. 하하하."

고등학교 입학 후 그는 군위탁장학금을 받았다. 등록금을 내지 않아도 되었기 때문에 군위탁장학금은 집안 생활비에 보탰다. 그런데 유한공고에 입학하고 보니 기술을 중시하는 분위기 속에서도 우수한 학생들이 모여서인지 어떻게든 대학에 진학해야 한다는 면학 기류가 강했다. 인문계 공부를 독학하는 친구들이 많았다. 그 또한 예외가 아니었는데 그는 그 시간에 대해 물고기를 잡는 방법을 배우는 시간이었다고 말했다.

"그때 하소연도 참 많이 했어요. 공부를 더 해야 하는데 학교에서는 기계 수업 비중이 크니 답답했죠. 수업이 끝나면 너 나 할 것 없이 인문계 공부를 했고, 방학이 끝나서 오면 한 명씩 칠판 앞으로 나가 자기가 공부한 것들을 뽐내며 놀았어요. 어려운 수학 문제를 술술 풀기도 하고, 길고 복잡한 영어 문장을 술술 쓰기도 했지요. 그때 그렇게 공부한 친구들이 나중에 다 잘됐어요. 단지 머리가 좋아서가 아닌 것 같아요. 과외나 학원 수업처럼 물고기를 잡아다주는 걸 받아먹은 게 아니라 스스로 물고기를 잡아야 했기 때문인 것 같아요. 사고력이 더 확장되고 발전한 거죠. 저는 지금도 책만 있으면 어떤 분야든지 혼자 공부할 수 있습니다."

그러다 고등학교 졸업과 동시에 군대에 지원했다. 그런데 논산 훈련소에서 신병훈련을 마칠 무렵 받은 신체검사에서 놀랍게도 '면제' 판정을 받았다. 고도근시 때문이었다. 군위탁장학금을 함께 받았던 이원해 등 다른 친구들은 모두 자대 배치를 받았는데 혼자 집으로 돌아오니 기분이 영 이상했다. 한동안은 뭔가 남자로서 결격사유가 있는 듯해서 실의에 빠지기도 했고, 군대 간 친구들도 보고 싶었다. 그때는 대학 입학시험도 이미 끝나 있었다. 졸지에 실업자가 된 것이다. 그는 공부를 계속했고 그 다음 해에 서울대학교 의과대학 간호학과에 합격했다.

"남자가 간호학과에 간다고 하니 다들 놀라워했습니다. 제가 간호학과에 입학한 건 순전히 신문기사 때문이었어요. 의료계에 종사하고 싶다는 마음을 갖고 있는 와중에 신문에서 '남자 간호사가 전무하다'는 기사를 봤어요. 그 순간 번뜩, '남자 간호사가 필요하다는데, 내가 해볼까? 내가 하지 뭐' 하는 생각이 들었습니다. 그래서 지원했고 합격했지요. 간호학과 학생 중에 제가 유일한 남학생, 청일점이었습니다."

그는 교수님으로부터 인정받았다. 학교에서는 그를 '교수 재목'으로 낙점했고, 당시 외국으로 나가는 게 아예 불가능했던 시절인데도 그를 자매학교인 미네소타 대학으로 유학을 보내기로 결정했다.

"유학의 꿈에 부풀어 있었죠. 학교에서 병역 면제 서류를 제출하라고 하길래 병무청에 갔어요. 그런데 졸지에 그 길로 다시 군대를 가게 되었어요. 하하하. 그 길은 제 길이 아니었나 봐요."

당시 집안 살림은 윤 원장이 아르바이트를 해서 꾸려나갔었는데 그가 군대 가게 되자 가정형편은 더욱 안 좋아졌다. 형과 누나들은 하나둘씩 집을 떠났고 어린 동생들은 살림에 보탬이 안 되었다. 그는 군인 월급을 단 한 푼도 쓰지 않고 집으로 보냈다. 군에서 주는 건빵, 담배까지 모두 모았다가 휴가 나올 때 가지고 왔다.

그러던 중 군복무를 얼마 남기지 않았을 무렵, 김포에서 함께 복무한 군의관들이 그를 '의사의 인생'으로 이끌었다.

"의사로서 환자를 고쳐주는 모습이 퍽 인상적이었어요. 의대에 도전을 해볼까 하는 생각이 들더군요. 무엇보다 집안 형편이 워낙 좋지 않아서, 빨리 돈을 버는 직업을 택하고 싶었어요."

군복무 중 다시 예비고사를 치렀고 중앙대학교 의과대학에 합격했다. 이후 전공을 성형외과로 택한 것도 경제적인 이유가 컸다.

나 혼자 편하게 살 수는 없기에

의대 입학 후에도 스스로 학비를 벌어가며 공부했다. 졸업 후에는 곧바로 개원했다. 고등학교 시절 기계를 만지면서 손재주를 연마했던 그는 금세 잘나가는 성형외과 의사가 되었다. 개원 1년 만에 집도 샀다. 이제야말로 살 만해진 것이다. 하지만 그는 달랐다.

"그때는 지금보다 의사들에게 좋은 시절이었어요. 개원만 하면 누구나 돈을 잘 벌었죠. 부모님이 좀 더 편하게 사실 수 있도록 도와드렸고 형제들도 많이 도와줬습니다. 하지만 뭔가 재미가 없고 불편한 기분이 들었어요. 나는 평탄한 길을 걷게 되었지만 주변에는 다 어려운 사람들뿐이니 혼자만 편하게 살 수는 없었죠."

그는 모두 함께 잘살고 싶었다. 병원도 일종의 사업체인지라 병원 운영을 해보니 이 사회에는 부당하고 불합리한 것들이 너무나 많다는 것을 알게 되었다. 누군가는 앞장서서 부조리에 맞서 제 목소리를 내야 했다. 그는 '내가 해보자' 마음먹었다.

우리 사회에는 부당한 법률로 국민이 피해를 입거나, 국가기관의 잘못으로 국민이 불이익이나 불편을 겪는 경우가 비일비재하다. 그는 1990년대부터 끊임없이 이런 문제에 대해 큰 목소리를 내왔고 실제로 많은 것을 바꿔놓았다.

그중 하나가 전화세 폐지다. 당시에 '전화세'라는 게 있었다. 한때 전화는 부자들만 사용하는 사치용품이었기에 국가가 전화세를 부과했다. 하지만 전화가 생활필수품이 된 후에도 전화세를 계속 부과하는 것은 부당하다고 여겨져서 지금은 없어졌다. 그런데 그 전화세 문제를 처음 제기한 사람이 바로 윤 원장이다. 이외에도 돌출간판에 대한 도로점용료 부과의 부당성, 주민세 과세의 불공평성, 도시가스 부가가치세의 문제 등을 제기했고 실제로 많은 변화를 이끌어냈다. 그는 세금뿐 아니라, 각종 국가기금의 잘못된 사용 혹은 비리 등도 구체적으로 문제제기했다. 그 모든 부조리가 국민에게 손해를 끼치기 때문이다.

"저는 유일한 박사님이 사회 기여 차원에서 세운 유한공고에서 장학금을 받으며 공부한 사람입니다. 그만큼 보통의 의사들과는 달라야 한다고 생각해요. 유한공고에서의 가르침이 그랬어요. 배우고 일해서 사회에 보답하라고요. 그래서 의사로서 내 삶만 돌보며 여유 있게 살 수도 있지만, 끊임없이 봉사활동을 하고 사회활동을 하려고 합니다."

그는 참여연대 작은권리찾기운동본부 실행위원으로 오랫동안 활동했고, 의료개혁국민연대 대표로도 활동 중이다. 그 모든 활동은 '더 좋은 세상, 더 정의로운 세상'을 만드는 데 일조하기 위해서다.

윤 원장은 고등교육에도 관심이 많다. 현재의 교육제도가 인재상을 획일화시키고 있으며, 공부 외에 다른 분야에 재주가 있는 아이들을 자칫 낙오자로 만들 수 있고, 사회의 쓸모와 상관없는 대학지상주의를 만연하게 한다고 문제제기해왔다. 그는 이명박 정부가 들어서고 인수위가 꾸려지자, 인수위에 고등학교 교육에 '학점제'를 도입할 것을 제안했고, 채택되었다. 이후 문용린 교육감이 그의 학점제 아이디어를 바탕으로 '거점학교제'를 도입했다.

윤 원장은 지금도 강연과 간담을 통해 세상을 더 좋게 변화시킬 아이디어를 끊임없이 알리고 변화를 유도하고 있다. 그는 자신과 자신의 가정뿐 아니라, 사회를 생각하고 공동체의 정의를 실현하

고자 애쓰고 있다. 유한공고 시절 유일한 박사로부터 받은 배움의
기회 그 이상으로 사회에 갚아나가고 있는 것이다.

타협 없는 방짜유기 순도,
다유한에서 배운 원칙입니다

이종덕
무형문화재 방짜유기장

일흔한 살의 유일한 박사는 경영 일선에서 정력적으로 일하고 있었지만 언제까지
그 자리에 있을 수만은 없었다.

"그 아이가 무얼 안다고 회사 경영을 맡긴단 말이오? 또 내 아들이라는 이유로 유
한양행을 물려줄 수는 없소."

하지만 간부들의 계속되는 권유에 유 박사는 마지못해 미국에 있는 아들을 유한양
행으로 불러들였다. 하지만 시간이 흐를수록 그는 말문이 막혔다. 아들 일선은 미
국인이었다. 한국말도 전혀 못했다. 영어를 못하는 한국 직원들이 일선 앞에서 전
전긍긍해야만 했다. 일선은 의욕과 정열이 넘쳤다. 새로운 제품도 많이 만들고 서
둘러 공장도 새로 지었다. 부하들에겐 목표를 정해주고 달성하라고 불같이 독촉하
면서 조직도 대폭 개편했다. 무슨 사안이든 한번 결정하고 나면 뒤를 돌아보지 않
고 밀어붙였고, 매일같이 새로운 일을 시작했다. 브레이크 없는 기관차 같았다.

"일선아, 넌 사업을 위해서라면 사람도 마음대로 바꾸고 있다. 사원들을 그렇게 함
부로 대해서는 안 된다. 난 평생 동지처럼 대해 왔다. 그래, 넌 능력은 뛰어나다. 회
사를 크게 발전시킬 것이다. 하지만 철학이 없다. 철학이 없는 돈, 그건 쓰레기보다
못하다. 아니 그런 돈은 사람의 목숨까지 위협하는 흉기가 될 수 있다."

1969년 가을, 유일한 박사는 주변 사람들과 한마디 상의도 없이 아들을 부사장직
에서 해임시켰다.

순도 100퍼센트의 성실과 정직을 고집하며, 그 고집을 잃으면 자신의 모든 것을 잃는 거나 마찬가지라고 믿는 이가 있다. 유한의 아들로 전통예술 분야에서 일가를 세운 무형문화재 제43호 방짜유기장 이종덕 씨다. 그는 가짜와 눈속임이 판을 치는 유기 분야에서, 최고의 재료와 전통적인 방식으로 정석만을 고집하겠다는 처음의 결심과 약속을 30년째 지키고 있는 전통예술 분야의 거장이다. 그는 말한다. 유한의 정신은 우리 시대 장인의 정신과 일맥상통한다고 말이다.

이종덕 씨는 어릴 때부터 유한양행이라는 회사를 무척 좋아했다. 서울 목동에서 초등학교를 다닐 때부터 화곡중학교를 졸업할 무렵까지 대방동에 자주 놀러갔는데 피부 어딘가가 조금만 긁혀도 유한양행 1층에 가서 '저 여기 다쳤어요' 하면 직원이 곧장 안티푸라민을 내주곤 했다. 그리고 주변 사람들한테 듣기로 나병 환자들에게는 약을 무상으로 준다는 말도 들었다. 어린 마음에도 아픈 사람들에게 도움을 주는 고결한 회사라는 생각이 들었다. 이처럼 유한양행이라는 회사에 호감을 갖고 있었으니, 유일한 박사가 설립한 유한공고에도 관심이 생길 수밖에 없었다. 자연스럽게 유한공고를 선택했다.

그런데 당시 유한공고는 개교 이래 12회 때까지 유지하던 전액 장학금 제도를 13회 때부터는 부분 장학금 제도로 바꾸었다. 워낙에 전액 장학금을 주는 학교로 유명해져 있던 터라 13회, 14회 때까지도 그 사실을 모른 채 입학한 학생들이 꽤 있었다. 그러니 입학한 후 '속았다'는 말들이 여기저기서 오갔다. 유일한 박사의 정신을 닮고자 유한공고를 선택한 그조차도 마음 한편으로는 '속았구나' 싶었다.

"사실 등록금이 얼마 되지도 않았어요. 아르바이트를 조금만 하면 별다른 어려움 없이 낼 수 있을 정도였지요. 지금 생각하면 등록금 이상으로 수백 배의 가르침을 받은 것 같습니다. 무엇보다 유일한 박사의 정신이지요. 아침 조회시간이나 각종 행사 때마다 주야장천 유일한 박사의 생애에 대한 이야기를 들었습니다. 완벽에 대한 고집, 돈보다 의미 있는 삶, 나보다 우리, 나누는 삶, 성실과 정직

등 이런 말들을 귀에 못이 박일 정도로 들었지요. 그때는 대수롭지 않게 들었는데, 살아보니 그게 몸과 마음에 인이 박혀서 무슨 일을 해도 그렇게 하는 게 자연스러워졌어요."

그는 의협심이 강한 사나이다. 친구가 억울하게 맞고 오면 곧장 몇 배로 되갚아주곤 했다. 군대에서도 부하들이 다른 상관들로부터 억울하게 기합을 받으면 그 자리에서 문제제기를 해서 뒤엎어버렸다. 군대에서 그의 별명은 '시간제 또라이'. 점잖게 있다가도 불합리한 일 앞에서는 갑자기 또라이로 돌변한다는 거다. 가만히 있으면 편하게 지낼 수도 있는데 두고두고 후회할 것 같은 상황에 닥치면 그는 무조건 뒤엎어버린다. 다 함께 잘 살기 위해서다.

헌병 시절에도 소위 '끝발' 있는 자리에 있었지만 그 힘을 자신보다 후배들을 위해 썼다. 끝발 있는 그에게 들어온 우유와 초코파이도 외곽 경비를 서고 있는 후배들에게 골고루 나눠줬다. 그는 이런 삶의 태도 역시 유일한 박사의 정기를 받아서라고 말한다.

고등학교 졸업 후 경기공전에 입학한 그는 군복무를 마치고는 1년간 신학 공부도 했다. 하지만 경기공전에서의 학업도 신학 공부도 모두 마치지 않았다. 해봤더니 마음에 들지 않았기 때문이다. 그게 이유의 전부였다.

그러다 친구 아버지가 운영하는 유기 작업실에 아르바이트를 하게 되면서 유기장인의 인생이 시작됐다. 사실 그는 어려서부터 아버지의 영향으로 칠보공예를 배웠다. 아버지가 칠보공예품을 만들어 일본에 내다팔기도 하셨는데 그때 어깨너머로 배워서 만들었던 그의 작품들이 아버지의 작품보다 더 잘 팔렸다고 한다.

하지만 중학교 때 아버지가 돌아가시는 바람에 더 이상 그 일을 하지 못했다. 그러다가 우연히 친구 아버지 밑에서 기술을 연마하게 되었고 이후 자신만의 작품을 위해 독립했다.

"방짜유기는 사람을 살리는 그릇입니다"

방짜유기란 구리와 주석을 정확한 비율(78대 22)로 합금한 뒤 두드려서 만든 유기그릇으로, 예로부터 귀한 그릇으로 대접받아 왔다. 사람의 손을 일일이 거쳐야 하는 까다롭고 어려운 작업과정으로 완성된 유기그릇은 휘어지거나 깨지지 않고, 고졸한(예스럽고 소박한 멋이 있는) 제 멋을 고스란히 담고 있어 예술작품과도 같은 가치를 지니고 있다.

주물유기는 재료들을 불에 녹여서 만드는데 1제곱밀리미터에 500개의 구멍이 있고, 그 구멍에서 녹물 성분이 나와 인체에 유해한 반면, 방짜유기는 독성이 전혀 없고 오히려 균을 죽이는 작용을 해서 물을 담아 두면 100년이 지나도 물의 신선도가 그대로 유지된다.

"잘못 만들어진 음식은 잠깐 배탈을 나게 합니다. 약을 먹고 치료하면 금방 낫지요. 하지만 잘못 만들어진 그릇은 서서히 사람을 죽입니다. 주물유기가 그렇지요. 눈에는 보이지 않지만 녹물이 나와 서서히 사람을 병들게 합니다. 반면 방짜유기는 사람을 살리는 그릇이에요. 그 생명의 그릇을 만든다는 게 저의 자부심입니다."

그는 최근 급증한 중국산 제품과 주물유기, 반 방짜유기가 '방짜유기'로 둔갑해 소비자들을 농락하면서 방짜의 명성을 훼손하는 현실을 안타까워했다. 하지만 그러한 세태에도 그는 전혀 흔들림이 없다. 최고의 재료로 정석대로 만든다는 처음의 결심을 그대로 유지하면서 묵묵히 제 길을 갈 뿐이다.

사실 가짜가 판을 치는 시장에서는 순도가 높은 재료를 구하는 것조차도 쉽지 않다. 그래서 그는 가장 엄격한 기준으로 물건을 들이는 조달청과만 거래한다. 당연히 가격도 비싸다. 하지만 불량 재료를 쓰면 곧바로 불량 제품이 만들어진다고 생각해서 안 만들고 말지언정 만들 때 순도가 낮은 재료는 절대 사용하지 않는다. 엄격한 재료 선정 기준만큼이나 공정도 무척이나 복잡하다.

"방짜는 제작과정이 지난(至難)합니다. 14차례의 공정을 거쳐야만 온전히 하나의 제품이 완성됩니다. 특히 일일이 사람 손을 거쳐야 하기 때문에 주물유기에 비해 몇 배의 노력과 시간이 필요합니다. 과정이 그러하니 품질은 당연히 비교할 수도 없을 만큼 뛰어나지요."

혼자서 14차례의 공정을 모두 소화할 수 있을 만큼 기술 면에서 완벽의 경지에 오른 이종덕 유기장. 하지만 이론 공부가 필요하다는 생각에 중앙대학교 예술대학원 금속공예과에 입학했다. 그때 공부한 탄탄한 이론은 그의 방짜유기를 디자인적으로도 한 단계 더 올라서게 했다.

그렇게 꼿꼿이 장인으로서의 고집을 이어나간 끝에 그는 명장으로 우뚝 설 수 있었다. 그는 2007년 청와대에 대통령 전용식기를 제작, 납품한 것을 비롯해 영화 '스캔들', '구르믈 버서난 달처럼', '식객', '바람의 화원', '쾌도 홍길동' 등에도 본인의 방짜유기를 선보였다. 또한 그가 제작한 징, 꽹과리 등 금속타악기는 음색이 뛰어나 국립국악원과 김덕수 사물놀이패, 진쇠 등에 공급되고 있다.

100도에 못 미친 99도는 0과 다를 바 없다

수상 경력도 화려하다. 경기도 신지식인 1호로 지정된 이후, 대한명인과 황실명인으로 지정되었다. 2011년 4월에는 드디어 전라북도 무형문화재 43호 방짜유기장으로 지정받기에 이르렀다. 현재 국내에서 방짜유기장으로 무형문화재에 선정된 사람은 그를 포함해 단 두 명에 불과하다. 당연히 그에게는 유혹이 많을 수밖에 없다.

"큰돈을 줄 테니 이름 좀 빌려달라고 하더군요. 제 이름으로 주물유기를 만들어 대량생산한 다음 수익금을 주겠다고요. 대답할 가치도 없는 헛소리였습니다. 어떨 때는 순도가 조금 낮은 재료를 쓰라는 말도 듣습니다. 일언지하에 거절합니다."

물이 끓기 위해서는 온도가 완벽한 100도에 이르러야 한다. 단 1도가 모자라도 물은 끓지 않는다. 99도까지 온도를 올려도 그것은 10도 정도 올리다 마는 것과 다를 바가 없다. 그는 방짜유기를 만드는 데 있어 그 '1'만큼의 부족함도 용납하지 않는다. 그에게 99는 '0'과 다를 바가 없다. 그 지독한 고집은 신념이 되었다. 그는 '명장' 혹은 '장인'으로 통하는 동시에 한편에서는 '바보' 소리를 듣는다. 하지만 그는 수많은 유혹을 뿌리치고 정직한 바보가 되는 편을 선택했다.

현재 김제 금산면에서는 공방을, 전주 풍남문 전통체험관에서 전시판매장인 방짜놋전을 운영하고 있다. 기능적으로나 예술적으로 최고의 경지에 올랐다는 평을 듣는 그는 요즘 간절히 갈구하는 것이 있다. 바로 제자들이다. 작업과정이 워낙 고되고 극한직업으로 알려져 젊은 사람들이 잘 하려고 하지 않는다면서 애석해 했다.

재능은 유전이 아닌 노력으로 완성되는 것

"제가 찾는 제자상은 손재주가 있는 사람도, 예술적인 감각이 뛰어난 사람도 아닙니다. 정직하고 거짓말을 할 줄 모르는 사람, 외려 자기가 잘 못한다고 믿고 꾸준히 연마해서 조금씩 발전하는 겸손한 사람입니다."

그에게도 자식이 있지만 그는 무조건 자식에게 전수하는 것에는 반대한다. 우리나라 무형문화재들이 그런 관습을 유지하고 있기 때문에 전통문화의 우수성이 제대로 계승되지 않는다고 믿기 때문이다. 이는 유일한 박사가 후계자로 아들이 아닌 전문경영인을 택한 것과 그 뜻을 같이 한다.

"저는 기능과 예술혼은 유전된다고 생각하지 않아요. 순전히 노력으로 완성된다고 믿습니다. 따라서 자식에게 물려줘야겠다고 고집하지 말고 가장 뛰어난 제자에게 전수하는 것이 맞습니다. 그래야 우리 전통예술이 유지되고 발전됩니다."

이종덕 유기장은 진정한 장인이지만 그의 모습이나 성품은 외골수의 천재와는 달랐다. 오히려 평범했다. 지독한 고집, 살신의 노력 그리고 꾸준함으로 일가를 이룬 거장이었지만 소탈하기 그지없었다.

"예술인은 돈에 욕심내서는 안 된다고 생각해요. 저는 이 길로 들어선 후로 돈 욕심을 내본 적이 없습니다. 최고의 재료를 써서 혼신의 공을 들여 만들다 보니 큰돈은 못 법니다. 하지만 손해가 나는 한이 있어도 최고의 방짜유기를 만들겠다는 그 고집은 제 목숨처럼 지키고 있지요. 절대 양보할 수 없는 가치입니다. 그게 다 유한에서 배우고 익힌 가치예요. 돈보다 의미, 나만 잘살기보다 모두를 살리는 일에서 가치를 찾는 그 정신 말입니다."

유일한 박사와 함께한
저녁식사

조우장

한국남동발전 감사

유일한 박사는 아홉 살이라는 어린 나이에 선교사를 따라 미국으로 유학을 떠난다. 일제 강점기 하에 있던 조국을 구할 인물로 아들을 키우기 위한 아버지의 큰 뜻이었다. 일한은 미국 가정에서 생활하며 학교에 다녔다.

그런데 고등학교를 졸업할 때쯤, 고국에 계신 아버지로부터 집안 사정이 좋지 않으니 이제 그만 돌아오라는 편지 한 통을 받았다. 일한의 마음은 찢어졌다. 당신이 한 번 세운 뜻은 절대 굽히는 법이 없는 아버지가 이처럼 약해질 정도라면, 사정이 얼마나 심각한지 뻔히 보였기 때문이다. 하지만 지금 돌아간다면 그간의 공부는 모두 보람 없이 끝나고 만다.

고민과 방황으로 며칠을 보낸 끝에, 결국 길을 찾았다. 평소 재능 있고 성실한 일한을 아끼던 담임선생님의 주선으로 은행에서 100달러를 대출 받은 것이다. 일한은 이 돈을 조국에 계신 아버지께 보내드렸다. 그리고 에디슨 전기발전회사에서 일하며 주경야독했다. 결국 1년 만에 대출받은 돈을 모두 갚고, 미국 북동부의 명문 미시간 대학교에 진학한다.

조우장 감사가 재직하고 있는 한국남동발전의 감사실은 저 멀리 북한산 자락이 보이는, 삼성동 한복판에 우뚝 솟은 건물 22층에 있다. 감사실에 들어서는 순간 펼쳐지는 이 전경을 보고 있노라면 감탄이 절로 나온다. 불과 30년 전만 해도 허허벌판이었던 이곳은 이제 화려한 국제도시로 거듭나 있다. 그 풍광을 바라보는 조우장 감사의 표정에는 자부심이 가득했고, 그의 목소리에는 개척자의 열정과 겸손이 담겨 있었다.

경기도 평택 안중에서 중학교를 졸업한 조 감사. 그는 집이 가난해서 고등학교에 입학할 수 없게 되자 좌절의 나날을 보내고 있었다. 그즈음, 상고를 졸업하고 공군에 복무 중이던 형으로부터 한 통의 편지를 받았다. 봉투 안에는 편지와 함께 신문에서 오려낸 작은 광고 조각도 있었다. '꼭 한번 도전해보라'는 편지와 함께 형이 보낸 것은 바로 '유한공고 학생 모집 공고'였다. 그 공고 하단에는 '전 학생 전액 장학금 지급'이라고 적혀 있었다. 고민의 여지가 없었다.

당시 유한공고에는 조 감사처럼 똑똑하지만 가난해서 고등학교 입학의 꿈을 접어야 했던 수많은 인재들이 몰려들었다. 엄격한 선발과정 끝에 4개 과, 60여 명의 학생이 선발되었다. 수재 중의 수재들이었다. 조 감사는 전기과에 당당히 합격했다.

조 감사는 2회 입학생으로, 당시 학교는 서울 대방동 유한양행 공장 옆에 있었다. 그는 오류동으로 이사 가기 전 그 시절의 기억을 고스란히 간직하고 있었다.

"그때 유일한 박사님의 사택이 회사 옆에 있었어요. 그래서 유 박사님을 멀리서나마 자주 보면서 학교를 다녔습니다. 그리고 저희 전기과의 경우, 박사님 사택에 형광등을 갈아야 한다든가 콘센트에 문제가 생길 때면 종종 불려가서 일을 했어요. 그렇게 일을 마치고 나면 박사님은 늘 우리를 그냥 보내지 않으셨어요. 모두에게 밥을 먹고 가라고 하셨죠."

유일한 박사는 미국과 한국에서 큰 성공을 이룬 사업가였지만, 학생들 앞에서는 여느 아버지나 할아버지와 다르지 않았다. 권위적인 면이라고는 찾아볼 수 없었고, 학생들을 바라보는 얼굴에는 늘 미소가 가득했다. 하지만 인자한 가운데 위엄은 있었다. 유년 시절과 청년 시절을 미국에서 보낸 유 박사는 일흔이 넘어서까지 우리말이 조금 어눌했다. 하지만 학생들에게 전하는 메시지는 분명했다.

"그때 우린 모두 가난했어요. 그리고 잘산다는 걸 상상도 못하던 시절이었지요. 그렇게 우물 안 개구리처럼 살던 우리에게 박사님은 고생과 가난을 당연하게 여기지 말고, 발전된 미래를 꿈꾸자고, 우리가 직접 그 미래를 만들어나가자고 하셨어요. 지금은 이렇게 가난하게 살지만 우리 유한공고 학생들이 기술을 선도해서 국가 발전을 위해 힘차게 노력해보자고 하셨지요."

당시 대부분의 학생들은 두세 시간씩 버스를 타고 통학하거나, 시골에서 온 학생들은 근처에 자취방을 얻어서 생활했다. 그런데 자취방이란 게 전기가 안 들어오는 건 기본이고 겨울에는 연탄 살 돈이 없어서 꽁꽁 언 방에서 자는 건 다반사였다. 헐벗고 굶주리는 게 일상이던 그 시절, 공부에 대한 열정과 성취만큼은 전국에서 내로라할 정도로 우수했지만 학비가 없어 고등학교 입학마저 좌절될 뻔한 학생들에게 유 박사의 '우리가 우리 손으로 가난을 근절해보자'는 말은 가슴속 깊이 와 닿았다

'우리나라가 후진국에서 벗어나기 위해 가장 필요한 건 단연 기술이며, 이를 머리와 손으로 완벽히 익혀야 한다'는 유 박사의 큰 뜻을 따라 모든 교사와 학생들은 똘똘 뭉쳐 열성적으로 가르치고

열심히 배우고 익혔다.

힘들 때 더 의지했던 유일한의 가르침

당시 공고 졸업생들 사이에서 최고의 직장은 단연 한국전력이었다. 유한공고 학생들도 대다수가 한전 입사를 목표로 공부에 매진했다. 그런데 한국전력에는 자체적으로 설립한 수도공고라는 학교가 있었다. 당연히 수도공고 졸업생이 신입사원 중 대다수를 차지했고, 그 외에는 다른 몇 군데 학교 졸업생들이었다. 그런데 몇 달이 흐르자 가장 인정받는 직원은 수도공고가 아닌 유한공고 출신이었다.

조 감사는 고3 재학 중에 한전에 입사했다. 지금도 첫 출근하던 그때의 기억이 생생하다고 말했다. 작고 낡은 교복을 입고 출근했지만, 마음가짐과 실력만은 그 누구보다 당당했다고.

"우리 학교의 학훈이 성실, 정직, 근면이었어요. 어느 학교라도 학훈은 거의 다 비슷하겠지만, 우리는 좀 달랐어요. 그 세 가지 학훈이 학생들 몸과 마음에 그대로 체화되어 있었어요. 유일한 박사님도 학생들에게 '성실해야 한다, 정직해라, 부지런해라'라는 말씀을 늘 하셨어요. 학교생활 자체가 그렇게 안 할 수가 없었어요. 선생님들이 워낙 열성적으로 가르치다 보니 학생들도 모두 열심히 따라가서 열심히 안 할래야 안 할 수가 없었어요. 게다가 학교의 소소한 일들을 다 우리 손으로 했으니 부지런하지 않을 수가 없었지요. 거짓말을 하거나 꼼수를 부린다는 것은 우리 시절 유한공고 학생들에게는 상상할 수 없는 행동이었습니다."

학교생활 내내 부지런히 연마한 지식, 머리와 가슴 그리고 손마디마다 뿌리 박혀 있는 성실과 정직, 부지런함은 마장동 발전소에서 일하는 동안에도 변함없었다. 그렇게 성실하게 최선을 다한 결과, 동료들은 순환보직으로 지방으로도 갔지만 조 감사는 줄곧 서울의 요직에서만 근무했고 이례적으로 27세라는 젊은 나이에 차장으로 승진했다.

"대학 나온 사람들 사이에서 학벌도 처졌고 다른 '빽'도 없었어요. 그때는 지금보다 더 '빽'이라는 걸 무시하지 못하던 시절이었어요. 회사 안에서 나를 밀어줄 고향 선배 한 명은 고사하고, 경찰서나 구청에조차 아는 사람 한 명도 없었어요. 그때 박사님의 미국 유학 시절 이야기가 큰 버팀목이 됐어요. 어린 나이에 타국에서 온갖 고생을 하면서도 뜻을 이루겠다는 의지만큼은 꺾이지 않으셨잖아요. 내 나라에서 일하면서 '빽' 없다고 서러워할 게 아니라, 더 열심히 하자고 모든 걸 나 스스로 개척해보자고 마음먹었어요."

학교에서 체득한 유한공고 정신을 평생 잊지 않은 그는 쉰 살에 한전 직원 직급 중 가장 높은 직급인 1직급에 올랐고, 쉰일곱 살에 결국 전체 직원 2000명 중 네 명밖에 오르지 못하는 임원 자리에 올랐다. 정년퇴직 후에도 많은 곳에서 그를 찾았고, 현재는 한전의 자회사인 한국남동발전에서 감사로 재직 중이다.

나의 가치는 스스로 높여야 한다

조 감사의 인생 여정은 가난한 나라에서 선진국으로 도약한 우리나라의 발전 과정과 무척 닮아 있다. 유년기에는 누구나 가난 때문에 고생할 수 있지만 그저 한탄하고 자포자기하면, 그 사람은 평생 가난하고 힘없는 인생을 살다 갈 수밖에 없다. 그 사람에게 인생은 '원래 그런 것'일 뿐이다. 하지만 내 인생의 가치를 여기에 머무르게 할 수 없다는 각오로, 스스로 자신의 가치를 높이려고 부단히 노력한다면 가난은 더 이상 걸림돌이 되지 않는다. 그 너머엔 분명 더 나은 인생이 기다리고 있다. 외국의 원조를 받던 가난한 나라 대한민국이 이제는 선진국으로 도약해서 다른 나라를 돕는 데 앞장서고 있듯, 조 감사도 스스로 개척한 인생을 바탕으로 후학들을 키우는 데 앞장서고 있다.

그는 유 박사에게 배운 가르침을 몸소 실천하기 위해, 얼마 전부터 유한공고 학생 세 명의 3년 학비를 전액 지원하고 있다. 가끔 학생들과 만나 같이 자장면을 먹으며 이런저런 이야기도 나눈다. 멘토 역할을 하는 것이다. 그 옛날 모든 사람이 가난할 때에 비해, 요즘의 가난한 학생들은 더 큰 어려움과 심리적 갈등을 겪을 거란 걸 그는 잘 알고 있다. 그래서 그 상황에서 아이들이 자칫 엇나가지 않고 열심히 공부해서 자신의 가치를 스스로 높일 수 있도록 작은 도움이나마 주고 싶은 것이다.

조 감사에게 '자신의 가치'를 높이기 위해서는 어떻게 해야 하는지 물었다. 그는 그 방법을 세 가지로 일목요연하게, 확고하게 답했다.

"첫째, 내 가치를 현실에 머물게 할 수 없다는 결심을 해야 합니다. 자아란 무엇과도 바꿀 수 없을 만큼 소중해요. 우리가 가진 능력은 어떻게 개발하느냐에 따라 무궁무진합니다. 지금 처한 현실이 마땅치 않다고 해서 불평하거나 좌절할 이유가 없어요. 사회생활을 하다 보면 여러 가지 이유로 낙담하고 말 못할 억울함도 겪겠지만, 자기를 그런 상황 안에 가둬두지 말고 그거 너머로 더 큰 꿈을 꾸고 끝까지 노력해야 합니다."

그는 유 박사가 '우리 손으로 우리나라를 선진국으로 만들어보자'고 한 결심처럼, 그런 결심들이 모여 우리나라의 경제 기적이 가능했듯, 개인의 기적 또한 마음먹기에 따라 언제든지 누구에게든 가능하다고 말했다.

"내 가치를 높이는 두 번째 비결은 실력이에요. 실력은 무궁무진하게 확장될 수 있잖아요. 저는 직장에 다니는 동안에도 틈틈이 공부를 무척 많이 했어요. 전기 관련 전문서적뿐 아니라 경영서, 인문서도 정말 부지런히 읽었습니다. 공고에 재학 중이거나 공고를 졸업한 젊은이들에게 특히 해주고 싶은 말이에요. 기술을 공부한 사람은 뭐든지 할 수 있습니다. 앞으로의 세상은 기술을 바탕으로 한 경영 마인드와 글로벌 감각을 갖춘 사람만이 성공할 수 있어요. 미래의 실력은 기술이 뒷받침되어야 합니다."

조 감사는 기술에 대한 마인드를 바꿔야 한다고 강조했다. 공고를 나와서 성공한 벤처사업가와 큰 기업을 경영하는 이들은 모두 이 기술 마인드를 자신만의 실력을 쌓는 초석으로 삼았다는 것이다. 그는 아직도 우리나라는 공고 출신에 대한 인식이 그다지 바뀌지 않았지만 그것은 사회가 해결해줄 문제가 아니라, 개인이 공고 출신으로 각자 실력을 키워 조직 내에서, 사회에서 인정을 받으면 얼마든지 극복해나갈 수 있다고 단언했다.

"모든 사람이 내 스승이라고 생각해야 합니다. 지식과 실력을 연마하는 것 못지않게 다른 사람의 훌륭한 점을 보고 배우는 것 또한 무척 귀한 공부예요. 한전에 근무하는 동안 모든 사람이 내 스승이라는 믿음으로 일했습니다. 상사가 내 스승인 건 당연하고, 동료와 선후배 모두가 내 스승이라고 여겼지요. 내 마음에 안 들거나 나를 힘들게 하는 사람조차도 내 스승이다 이렇게 생각해보면, 그 상황 속에서도 분명히 배우는 점은 있었습니다. 더욱이 요즘은 워낙 세상이 급변하는 때라 젊은 직원들로부터도 배울 점이 많아요."

조 감사는 젊은 직원들과도 자주 만나 이야기를 나눈다. 자신의 삶 속에서 나침반과도 같았던 유일한 박사의 가르침을 떠올리며, 그들에게도 인생 선배로서 아낌없는 조언을 해주곤 한다. 가난해서 고등학교에도 입학하지 못할 뻔한 자신을 학비 한 푼 받지 않고 공부시켜준 유 박사의 은혜에 보답하는 길은 그분의 뜻을 잊지 않고, 또 그것을 몸소 실천해서 이 나라를 이끌어갈 젊은이들에게 보여주는 것이라 생각하고 있었다.

인터뷰를 마칠 무렵, 그의 휴대 전화에 문자가 들어왔다. 유한공고 학생에게서 온 안부 문자였다. 흐뭇한 표정으로 학생이 보낸 문자를 보여주던 조우장 감사. 그는 유일한 박사의 진정한 후예였다.

반듯하게 살아라,
세상이 너를 도울 것이다

조성갑

유한대학교 교수

유일한 박사는 중·고등학교 시절 내내 신문 배달을 했을 만큼 가난하고 팍팍한 생활을 했지만 뚝심만은 남부럽지 않았다. 고등학교 때 육상부에 들어갔는데 친구들은 모두 자신보다 키가 훨씬 크고 덩치가 우람했다. 그들은 일한을 대놓고 얕보았을 뿐만 아니라, 동양인에 대해 편견을 갖고 있어서 원숭이라고 놀리기까지 했다. 그러나 뛰어난 순발력과 끈기로 얼마 지나지 않아 육상부의 모범이 되었다. 그러다 미식축구부 감독의 눈에 띄어 미식축구부에 스카우트되기도 했다. 미국 고등학교의 모든 학생들이 선망하는 미식축구부였다. 1년여 후 마침내 센터 자리까지 꿰차기에 이르렀다.

일한은 학교 내에서 일약 스타가 되었고 전액 장학금을 받는 톱클래스 학생이 되었다. 이때 생긴 자신감은 그가 미국 생활을 하는 내내 큰 버팀목이 되어주었다.

서울과 부천의 경계에 위치한 유한공고와 나란히 있는 유한대학교. 유한의 학교들이 있는 이곳부터가 부천의 시작이다. 학교 앞 길 이름은 유일한로다. 나무가 빼곡한 그 길에 들어서면 걷고 싶다는 생각이 절로 든다. 방학을 맞은 유한대학교는 한적했다.

유한공고 3회 졸업생으로 현재 이곳의 교수로 재직 중인 조성갑 교수. 학교 정문 앞에 놓여 있는 윤동주 시인의 '서시'를 평생 되새기며 산다는 그도 역시나 유일한 박사의 제자답게 역경 앞에서도 신념을 잃지 않고, 어려움을 마주쳐도 해결해내고야 마는 불굴의 인물이었다. 1948년생으로 '정부수립둥이'인 조 교수는 정년을 눈앞에 둔 현재까지 남다른 열정과 자부심으로 학교를 지켜나가고 있다.

유일한 박사의 졸업사, 정직하고 성실해라

경기도 평택에서 태어난 조 교수는 어려서부터 몸이 약했다. 세 살 때는 천연두와 장티푸스에 걸려 부모조차 아들을 냇가에 내다버렸을 정도였다. 온몸이 물집과 상처로 가득했고 행여나 병을 옮길까 봐 무서웠기 때문이다. 그런데 하늘이 도왔던 걸까. 냇가에 버려졌던 그 아이는 병에서 회복되어 초등학교에 입학했다. 그 후에도 병치레는 잦았지만 유난히 똑똑해서 공부를 잘했다.

하지만 가난은 피할 길이 없었다. 중학교 입학 후에도 내내 공부를 잘했지만 고등학교에 입학할 돈은 없었다. 또다시 닥친 시련 앞에서 괴로워했지만 공부를 해야 한다는 욕심과 의지만은 사그라지지 않았다. 그러던 중 하늘이 또 한 번 그를 도왔다. 형님이 어느 잡지에서 봤다며 유한공고 학생 모집 소식을 전해주었다. 모든 학생에게 전액 장학금을 준다니 더할 나위 없이 좋은 기회였다. 당시에는 인문계에 진학하고 싶었지만 전액 장학금이라는 말 앞에서 적성 따위는 고려 대상이 아니었다.

"형님 이야기를 듣자마자 곧바로 지원했어요. 그때 60명을 모집했는데 600명이 넘게 왔어요. 시험을 통해서 기계과, 전기과, 판금용접과, 건축과에 각각 15명씩 총 60명이 입학했는데 저는 기계과에 입학했어요. 꿈만 같았죠. 고등학교에 다닐 수 있다는 게 믿어지

지 않았어요. 죽어라 공부했어요. 친구들이 워낙 똑똑하고 공부를
하고 싶다는 열정이 남달랐기 때문에 열심히 안 할 수가 없었어요."

인문학도를 꿈꾸었기에 학교 수업 중에 영어나 수학 같은 과목
보다 기계과목에 대해서만 공부하는 게 아쉬워서 남몰래 따로 공
부하기도 했다. 하지만 학교 수업만큼은 철저하게 따라갔다.

당시 학교가 오류동으로 이사 간 때라 학교에 일이 아주 많았다.
유한양행에서 건물을 지어주고 정문도 만들어 주었지만, 나머지
일은 학생들 몫이었다. 학생들은 스스로 리어카를 밀고, 시멘트작
업도 하고, 페인트칠도 했다. 창문도 모두 만들어달고, 운동장 부지
정지작업도 했다. 자신들의 꿈을 이루어준 학교에 대한 애정이 남
달랐기에 학생들은 진심을 다해 학교를 정비해나갔다.

그때 조 교수는 학교 근처에 자취방을 얻어 생활했는데, 그렇게
힘들게 공부하고 일하다 들어가면 연탄불은 꺼져 있고 먹을 것은
하나도 없었다. 춥고 배고팠던 그 시절이 하도 힘들어서 학교를 졸
업하고 사회생활을 하는 동안에 웬만한 힘든 일에는 눈 하나 깜짝
하지 않았다고 한다. 그 외롭고 힘든 시간을 묵묵히 견뎌내면서 나
를 단련했기에 지금의 자신이 있는 것이라고 담담하게 말했다. 동
기들도 마찬가지였다고 한다.

"졸업식 때 동기들과 부둥켜안으며 서로를 격려해주었어요. 그
렇게 3년을 함께 공부하고 일하며 동거동락했으니 끈끈한 동지애

같은 게 생기더군요.

그때 유일한 박사님이 직접 졸업사를 해주셨어요. 지금도 그때 기억이 생생합니다. 박사님은 그날도 '정직해라, 성실해라' 이 말을 몇 번이나 거듭하셨어요. 유 박사님이 말씀하시는 정직과 성실의 의미를 우리는 정확히 알고 있어요. 단지 거짓말하지 말고 열심히 일하라는 게 아니에요. 일을 하는 손 마디마디에도 정직이 배어 있어야 하고 그래야만 인생에도 성실할 수 있다는 의미예요. 우리는 모두 뜻을 잘 이해하고 가슴에 품고 있었죠."

한전에 취업을 한 후 그는 '조기철'이라 불렸다. 조기에 철이 들었다는 뜻이다. 동료들이 꼼수를 부리고 요령을 피우려고 할 때, 그는 왜 그래서는 안 되는지 일목요연하게 설명하고 진심을 다해 설득했다. 동료들도 어른스러운 그를 믿고 무조건 따랐다.

그 어떤 역경도 공부 욕심을 꺾을 수는 없다

조 교수는 부산발전소에서 근무할 때 24시간 3교대로 돌아가는 업무 때문에 몸이 무척 고됐다. 하지만 그 와중에도 공부를 더 하고 싶었다. 근무를 마치고 집으로 돌아가면 눈꺼풀이 축축 처졌지만 눈빛은 반짝거렸다. 그는 예비고사를 준비하기 위해 필요한 과목들을 한 가지씩 독학으로 공부해나갔다.

그렇게 1년여 동안 공부한 끝에 부산대학교 기계공학과에 당당히 합격했다. 영어와 수학 과목은 어려웠지만, 다행히 공대 선발과정에 재료역학이라는 과목을 선택할 수 있었는데 그 과목에서는 만점을 받았다.

하지만 입사 2년 차에 근무고과가 좋아서 업무가 늘어난 데다 밤잠을 자지 않고 대학 입시를 준비한 까닭에 몸은 약해질 대로 약해져 있었다. 게다가 이제는 낮에 학교까지 다녀야 했다. 회사에는 통사정을 해서 평일엔 밤 근무만 하게 되었다. 쇠약해진 몸을 이끌고 2시간씩 버스를 타고 학교에 다니며 일한다는 것은 여간 힘든 일이 아니었다.

어느 날 그와 같이 대학에 합격한 회사 동료 한 명이 밤 근무를 하다가 큰 사고를 내고 말았다. 이 사건은 발전소 전체의 문제로까지 불거져서, 끝내 사장은 주간에 대학교를 다니는 직원들은 학교를 자퇴하거나 회사를 사퇴하라는 명령을 내렸다. 동아대학교에 다니는 동료들은 모두 가짜 자퇴증명서를 떼와서 제출한 뒤 계속 회사를 다녔다.

조 교수도 방법을 모색해야 했다. 공부를 중단할 수도 회사를 그만둘 수도 없었다. 그 어느 것도 포기할 수 없었다. 당시 부산대학교에 다니던 동료 5명과 용기를 내어 신기석 총장을 찾아가서 울며 사정했다.

"총장님, 회사에서 주간에 대학에 다니는 직원은 자퇴를 하거나 회사를 그만두거나 둘 중 하나를 선택해야 한다는 지침이 내려왔습니다. 그런데 저희는 절대로 공부를 포기할 수 없습니다. 그리고 돈을 벌어야 해서 회사도 그만둘 수 없습니다. 제발 저희들 좀 도와주십시오. 그 은혜는 평생 잊지 않겠습니다."

신 총장은 조 교수와 동료들의 사정이 딱하기는 했지만 학교에도 원칙이 있으니 어쩔 수 없다는 답을 했다.

"자네들의 딱한 사정은 잘 알겠네만 학교를 계속 다니려면 일단 회사를 그만두게. 공부를 마치고 나면 내가 다른 직장을 알아봐주겠네."

"안 됩니다. 저는 등록금이 없어서 유한공고에 입학했고 한전에도 취업했습니다. 제가 돈을 벌지 않으면 공부도 마칠 수 없습니다. 돈을 벌어 공부를 계속 하고 부모님께 효도도 하고 싶습니다."

신 총장은 한참을 아무 말 없이 이 다부진 학생의 모습을 응시하며 고민했다. 잠시 후 인터폰을 누르더니, 교무처장을 불렀다.

"교무처장, 이 학생들의 사정이 절박한데 도와줄 방법이 좀 없겠나?"

교무처장은 잠시 고민하더니 대답했다.

"좋은 생각이 있습니다. 지금이 1학기 말이니까 일단 지금 자퇴중

명서를 제출하고, 2학기 등록기간에 복학을 하게 하면 되겠습니다.”

그렇게 해서 그는 15일 동안 자퇴했다가 다시 복학했다. 회사에는 자퇴증명서를 제출해서 문제없이 계속 다닐 수 있었다. 물론 학교에 다니는 걸 숨기며 근무해야 했기 때문에 몸은 더 고됐지만 마음만큼은 행복했다.

2학기가 시작될 무렵 조 교수와 친구들은 커피세트를 사들고 신 총장에게 인사를 드리러 갔다. 신 총장은 이들을 따뜻하게 맞아주었다.

“자네들 열심히 사는 모습이 아주 보기 좋네. 지금은 고생스럽고 힘들겠지만 이렇게 한 발 한발 나가다 보면, 지금 목적한 바를 다 이룰 수 있을 거네. 부디 아무리 힘들어도 공부는 포기하지 말게나.”

"유한공고 학생을 가르치고 싶습니다"

조 교수는 4년 동안 주경야독하면서 대학교를 졸업했고, 대학원에도 진학했다. 더 이상 밤 근무만을 할 수 없어 대학원은 야간으로 진학했다. 그렇게 3년 동안 낮에는 회사에서 일하고 밤에는 공부한 끝에 석사학위를 받게 되었다.

그러나 그즈음 건강이 완전히 망가져 신경쇠약 증상을 겪는 지

경에 이르렀다. 차를 타면 바로 멀미를 해서 버스를 타고 다니는 것
조차 쉽지 않았다. 더 이상 회사생활을 해나갈 수도 없었다. 앞만 보
고 달려오기만 한 시간들, 이제 뭔가 의미 있는 일을 해보고 싶었다.

그 무렵에 모교 유한공고로 편지를 썼다. 학생들을 가르쳐보고
싶었기 때문이다. 1978년, 그는 유한공고 교사가 되었다. 자신을
키워준 모교에 교사가 되어 다시 돌아온 것이다. 그 사이 몸은 약해
져 있었지만 학문적 지식, 실전 경험만큼은 일취월장해 있었다. 회
사를 그만두고 퇴직금으로 집도 샀으니 소기의 목표를 다 이룬 셈
이었다. 서서히 건강이 회복되자 그는 다시 공부를 시작해서 또 한
번의 석사, 박사 학위까지 받았다. 그 사이 유한대학교 기계과 교수
로 부임했다.

"이래서 안 되고, 저래서 안 되고, 그렇게 생각하다 보면 결국 아
무것도 못합니다. '이래도 하고, 저래도 하고, 안 되면 되게 하고, 내
힘으로 안 되면 부탁해서라도 하고, 그걸로도 안 되면 사정해서라
도 해야지'라는 마음으로 하면 뭐든 할 수 있어요."

그는 학생들에게 기계과목을 가르치지만 종종 쪽지시험으로 윤
동주의 〈서시〉, 푸시킨의 〈삶이 그대를 속일지라도〉 같은 시를 외
워서 적게 한다. 학생들에게 인생을 사는 지혜를 일깨워주고 싶어
서다. 그리고 그는 학생들에게 이 세 가지를 늘 강조한다.

"건강해라, 그러면 내 앞길은 스스로 개척할 수 있다. 실력을 키

워라, 실력만 있다면 힘든 세상도 얼마든지 당당하게 살아나갈 수 있다. 반듯하게 살아라, 그러면 모든 사람이 나를 도와줄 것이다."

나이가 들수록 '이래라, 저래라' 하면 주변 사람들이 달가워하지 않는다고 한다. 하지만 조 교수는 학생들을 만날 때마다 자꾸 좋은 말을 해주고 싶어진단다. 그 옛날 유일한 박사가 학생들에게 끊임없이 학훈을 강조했듯이 말이다. 그 말들이 학생들의 몸과 마음에 깊이 새겨져 삶의 이정표가 되었듯이, 지금의 유한대학교 학생들에게도 자신의 이야기가 일을 어떻게 하고 인생을 어떻게 살아가야 하는지 깨닫는 계기가 되길 바라기 때문이다.

유일한박사의 마지막 길을 배웅한
그 날의 기억

배석대

미국 TACOM사 물류관리 전문가

유일한은 일자리를 얻으러 커니의 한 신문보급소를 찾아갔다. 보급소 소장은 키가
작은 동양 소년을 보자 신문 배달을 잘 할 수 있을지 모르겠다는 의문이 들었다. 그
래서 일한에게 "집집마다 신문 돌리는 일이 얼마나 힘든 줄을 잘 모르고 왔구나"라
고 말했다.
일한은 "저는 한인 소년병학교에서 군사훈련을 받았기 때문에 누구보다 용감합니
다. 그리고 커니의 초등학교에서는 달리기 선수였습니다"라고 답했다.
그러자 소장은 "소년병학교라? 내가 신문에서 한국의 어린 소년들이 장차 나라를
되찾겠다고 공부하면서 틈틈이 군사훈련을 받는 사진을 보고 감탄했단다. 그 학교
에 아주 어린 소년이 있다고 하던데 그럼 그게 너란 말이냐?"
"예."

"세상에는 기업을 훌륭하게 키워 많은 일자리를 창출하고 그 이익을 사회에 환원하는 훌륭한 기업인이 있는가 하면 세금 탈세와 온갖 부조리로 세간의 지탄을 받는 기업인들도 적지 않다. 그러한 측면에서 유일한 박사는 기업가로서 국민 건강을 걱정하는 사명감이 남달랐다. 그 점은 우리 모두에게 깊은 감명을 주기에 충분하다. 교육자로서 그가 뿌린 씨앗은 이제 풍성한 수확을 할 때가 됐다. 그러나 유 박사는 이미 고인이 됐다. 그럼에도 그의 후예들이 오늘도 고인의 정신을 계승하고 있다는 것은 우리 모두 기뻐할 일이라고 생각한다."

그는 1971년 2월 고등학교 입학식을 마치고 곧바로 다음 달인 3월에 유일한 박사의 장례식을 치른 탓인지, 그 기억이 아직도 뇌

유한공고에서 치러진 유일한 박사의 장례식

리에 생생하다고 했다.

"당시 저는 장례행사의 묘지를 지키는 한 명의 학생이었습니다. 우리는 고인의 마지막 가는 길에 고인이 생전에 좋아하셨다는 노래인 '매기의 추억'을 합창하면서 마지막 작별을 고했지요. 생전에 고인의 모습을 한 번 정도 면전에서 뵙고 인사라도 한번 드렸으면 하는 것이 지금도 간절한 심정입니다."

그는 유언장 내용 중에서도 "묘지에 울타리를 치지 말고… 유한중·고교 학생들이 마음대로 드나들게…"라는 구절을 잊지 못한다고 했다. 유 박사가 살아생전에 어린 학생들에게 얼마나 많은 사랑을 주었는지를 알아볼 수 있게 하는 감동적인 기록이라는 것이다.

"박사님의 학생 사랑은 나라 사랑으로 이어지고 우리 젊은이의 삶에 활력소를 불어 넣었지요. 일찍부터 선진국의 문화를 접한 박사님은 우리에게 훌륭한 선물을 주고 가셨고 우리에게 희망과 용기를 그리고 사랑을 함께 선물하셨습니다.

세상을 살아가면서 남을 사랑한다는 것은 정말 대단한 자기희생이 아니면 힘든 일일진대, 사랑과 봉사, 희생정신의 아름다움을 몸소 실천하신 유 박사님의 숭고한 뜻을 늦게나마 생각하며 제 인생의 부족한 면을 투영해 보고자 하는 것은 본인에게 무척 큰 의미 있는 일이라 생각합니다."

유한공고의 정신이 곧 나의 생활이 되다

배석대 씨는 자동차과 1회 학생으로 입학했다. 입학은 51명. 여러 이유로 5명이 중도 하차해 졸업은 46명이 했다. 그는 동대문 창신동에서 학교를 다녔다. 수원, 동두천 등지에서 등교하는 학생에 비하면 비할 바 아니었지만 등하교 시간을 하루에 4시간 사용한다는 것은 체력이 약한 그로서는 힘든 일이었다. 얼핏 들은 이야기인데, 한 선배는 천안에서 통학을 하느라 도시락을 2개씩 싸들고 다니고 학교 공부는 통학시간에 했다고 한다.

입학해서 얼마 지나지 않아 전교체육대회가 열렸다. 자동차과는 1학년만으로 구성된 팀이었는데도, 거의 모든 경기에서 학년 대항은 물론이고 과 대항까지 휩쓸었다. 정말 놀랄 만한 일이었다. 아직도 그 당시를 회상하면 눈물이 찔끔 나오고 다른 과 학생들이 자동차과를 달리 보기 시작했다고 한다.

과 선배 없는 설움을 단번에 씻어 버렸던 기억이 지금도 생생하단다. 승리는 결코 한두 사람의 힘으로 될 수 있는 일이 아니었을 것이다. 다른 과의 3분의 1밖에 안 되는 적은 숫자였지만 팀워크와 협동정신, 능동적인 참여로 위기를 극복한 것이 최대 전략이었을 것이다.

그는 3학년 2학기 실습을 마치고 3급 자동차 정비사 시험에 합격했다. 아주 귀중한 자산이었다. 곧 졸업식으로 정든 학교를 떠나게 된다는 생각에 마음이 뿌듯했지만 대학 입학시험 준비를 하지 못한 것은 항상 마음을 우울하게 했다. 졸업 후 몇 개월을 전전긍긍했다. 대한통운 입사시험을 치렀는데, 합격의 영광을 안았다. 정비와 장비관리 업무에 종사하게 됐다.

얼마 후 군대에 입대한 그는 1974년 9월 6주간 기초 군사훈련을 마치고 후반기 교육을 차량정비병 주특기로 부산병기학교에서 12주를 보냈다. 한 우물을 파야 한다는 부친의 충고는 그로 하여금 자동차를 떠날 수 없게 했다.

군대에서 틈틈이 자동차 정비사 시험도 공부해 2급 자격증을 땄는데, 나중에 국가 정책으로 2급 자격증이 1급으로 한 단계 자동 승진을 했다. 계속해서 군에서 저녁 식사를 끝내고 한두 시간의 한가한 시간을 활용해 공부했다. 학창 시절 교문에서 그토록 '성실'을 복창했던 경례 소리는 그의 인생에 커다란 이정표가 됐다.

"아직도 저의 귓전에서 맴돌고 있는 것 같아요. 학교의 모토가 나의 생활의 일부분이 되어버린 자부심은 그 무엇과도 바꿀 수 없는 보배입니다."

그는 제대와 함께 옛 직장에 복직해 영등포 차량관리사업소에서 정비관리 일을 다시 했는데, 근무시간이 길어서 몸은 만신창이가 됐다. 어느 날 갑자기 목에서 피가 쏟아지기도 했다. 깜짝 놀랐다. 1978년 배우자 초청으로 미국 이민을 결정하는 과정에서 아버지의 반대에 부닥쳐 갈등도 빚었으나, 그의 아메리칸드림을 막지는 못했다. 결국 그는 더 넓은 세상을 보기 위해 이민 가방을 들고 1979년 5월 미국으로 떠났다.

고단한 미국 이민생활

준비 없이 빈손으로 집을 떠나온 이민생활은 그리 순탄하지 않았다. 고국을 떠날 때 100달러 정도의 돈이 그의 전 재산이었다. 인디애나 주의 농촌 소도시 셀램이라는 곳에 처음 정착한 그는 아내의 도움으로 미국생활을 조금씩 배워 나가기는 했지만 언어 문제로 시작부터 너무나 어려웠다. 첫 번째 직장은 시청의 차를 정비하는 곳이었고, 디젤 차량을 정비하기 위해 두 번째 직장으로 옮겨 몇 달 일을 했지만 역시나 언어 문제로 해고되는 아픔을 겪었다.

1980년 2월 미군에 입대를 했다. 미주리 주 포트 레너우드 신병훈련소에서 머리를 빡빡 깎고 언어 문제를 겪으면서도 신병훈련과 직업훈련을 무사히 마쳤다. 훈련 중에 첫 번째 아이 크리스가 태어났다. 크리스는 지금 고등학교에서 교편을 잡고 있다.

이후 힘겨운 독일 근무까지 마치고 다시 예전의 첫 근무지가 있었던 포트 베닝으로 돌아가 근무를 했고, 1988년 서울올림픽이 개최되던 때 제대를 하게 됐다. 9년 가까운 군생활이 화살처럼 지나갔다. 군에 잠깐 들어가 미국생활을 배우리라 생각했던 것이 그렇게 오랜 세월이 될 줄은 꿈에도 생각을 못했다.

주말도 없이 투잡(two jobs)을 하면서 뛰던 2년의 시절도 있었다. 빚도 청산하고 위기를 잘 넘긴 그때를 생각하면 아찔하고 감사할

따름이다. 이래저래 총 22년여의 군무원 생활을 마치고 2011년 미시간 주의 디트로이트에 있는 새 직장 타콤(TACOM)으로 옮겼다. 요즘 새로 나오는 CROWS라는 무기 시스템 교육을 받아서 사용자인 병사들에게 운용 및 정비 교육을 하는 것이었다.

풀 한 포기도 신이 내려준 선물

입사하자마자 아프가니스탄 파견근무를 가게 됐다. 현지에 도착한 것은 2012년 5월. 처음 민간인으로서 해외 전쟁지역 파견근무를 간 것이다. 날씨가 건조할 때는 먼지와 바람, 우기에는 진흙땅으로 고생했다. 부대 곳곳은 자갈길의 연속이었다. 풀 한 포기도 찾아볼 수 없는 등 부대 주변의 열악한 환경 조건은 그를 매우 힘들게 했다. 어떤 때는 방탄조끼와 철모를 쓰고 식사를 하기도 했다. 인간에게 자연환경이 얼마나 중요한 것인가를 깨닫게 됐다. 깨끗한 공기와 물, 좋은 날씨, 풀, 나무가 모두 신이 내려준 선물이란 고마움을 느꼈다.

그는 종종 유 박사가 남긴 '근면, 성실, 책임감'이라는 말씀을 되새긴다고 했다. 노력 없이 이룰 수 있는 게 별로 없기 때문에 '눈물 젖은 빵'이 값비싼 것이다. 당시 방황하는 우리에게 "너희는 공업을 열심히 공부해서 중견기술자가 되고 훌륭한 중소기업인이 되라"는 말씀을 전하던 멘토 선생님을 만났던 기억이 난다. 이는 당시 그에게 목표를 던져주었다.

우리에게 희망과 꿈을 키워주는 좋은 멘토를 만날 수만 있다면 우리의 장래도 희망이 있다고 생각해도 될 것이다. 나머지는 본인의 노력 여하에 달려 있다. 보통 사람들의 능력은 별 차이가 없다. 다만 자기 능력을 어떻게 극대화할 수 있는지 그것이 문제인 것 같다.

유일한의 전기를 읽고
달라진 인생

김선태
한국직업능력개발원 선임연구위원

유한학원 이사장이자 연세대 의과대학 교수인 김명선은 가난한 제자가 유학 학비로 고민할 때면 이처럼 유일한을 찾아가 도움을 청했다.
"이 사람, 또 왜 왔어?"
방문을 열고 들어서는 김명선에게 유일한은 힐난하듯 말했다.
"형님, 이번 학생도 그냥 놔두기엔 너무 아깝습니다. 유학을 보냅시다."
"알았어, 아예 금고에 돈 맡겨놓고 찾아가듯 하는구면."
김명선은 이런 식으로 많은 제자들을 도와주었다. 물론 도움 받은 학생들은 누가 돕는지도 몰랐고 유일한도 그 학생들이 누구인지 알지 못했다. 유일한의 교육에 대한 열정은 죽을 때까지 식지 않았다. 유산의 대부분을 교육 관련 기관들에 기증한 것만 봐도 알 수 있다.

유일한 박사의 교육이념을 그대로 계승해 교육자의 길을 걷고 있는 후예가 있다. 바로 한국직업능력개발원의 김선태 박사다. 당시 유한공고 신입생들은 명석한 두뇌를 가졌지만 가난 때문에 더 이상 학업을 이어나갈 수 없는 이들이 대부분이었다. 하지만 김 박사는 달랐다. 구체적인 동기를 갖고 스스로 유한공고를 선택했으며, 명확한 꿈도 갖고 있었다.

유 박사에 대한 존경심 하나로 선택한 유한공고

김 박사는 서울 잠실에서 오래 살아온 비교적 넉넉한 가정의 장남이었다. 공부도 잘해서 부모님은 당연히 인문계 고등학교에 입학하리라 생각했다. 하지만 헤르만 헤세의 《데미안》과 프로이트의 《꿈의 해석》 등에 심취한 문학소년이었던 김 박사는 유일한 박사의 전기를 읽은 후 새로운 세상에 눈을 떴다. 곧바로 큰 결심을 했다.

"유일한 박사의 전기를 읽고 그 인생에 깊이 감동했습니다. 진심으로 존경하게 되었고 닮고 싶다는 생각을 했죠. 그래서 그분이 설립하신 유한공고에 입학해야겠다고 마음먹었습니다. 제가 라디오 같은 것들을 뜯어 고치는 걸 좋아했어요. 적성에도 맞다고 생각했습니다."

부모님은 물론이고 학교 선생님까지도 반대했다. 충분히 인문계 고등학교에 갈 성적이 되고 집 근처에 좋은 고등학교도 있는데 왜 하필 공고에, 그것도 잠실에서 그 먼 부천까지 다니려 하느냐고 말렸다. 하지만 아무도 그의 고집을 꺾지는 못했다. 부모님도 결국엔 승낙하셨다. 단, 졸업 후에는 반드시 대학에 진학하라는 당부를 하셨다.

학교생활은 즐거웠다. 무엇보다 그를 흥분시킨 것은 유일한 박사의 정기가 그대로 학교에 깃들어 있다는 점이었다.

"그때 우리는 마치 사관생도 같았어요. 월요일 조회 때면 국군의 날 행사처럼 절도 있게 열병을 했지요. 손종률 교장 선생님은 훈시하실 때마다 유일한 박사님의 이야기를 많이 해주셨고, '소년이여,

꿈을 가져라(Boys, Be ambitious)!'라는 말도 자주 하셨어요. 그때마다 무척 설렜습니다. 저는 무작정 학교가 좋았습니다."

그는 유한공고에서도 공부를 잘했다. 2학년 때 그 어렵다는 전기기능사 자격증을 땄고, 당시에 자격증을 못 딴 친구와 후배들을 가르쳐주기도 했다.

졸업을 앞두고 진로를 고민하던 때, 그는 유한공고에서 배운 것들을 계속 이어나가는 교육자가 되고 싶었다. 동시에 부모님과 대학에 가기로 했던 약속은 지켜야 했다. 그래서 공업교육학과를 선택했고 대학에 들어가서도 학업에 푹 빠졌다. 그는 졸업 무렵 공업교육의 효용성을 좀 더 널리 알리고, 사회적으로 공업교육이 더 인정받기 위해서는 국가 정책이 중요하다는 것을 깨닫게 되었다. 그래서 한국교육개발원에서 공업고등학교 교육과정과 직업교육 정책을 연구하는 연구원으로 일하기 시작했다.

"우리 때만 해도 공고는 전적으로 자기 선택으로 지원하고 시험 봐서 들어갔습니다. 그런데 인문계 선호 현상이 점차 강해지면서 공고는 인문계에 진학하지 못한 학생들이 어쩔 수 없이 오는 곳으로 인식되기 시작했습니다. 안타까웠습니다."

김 박사는 우리나라의 인문계 선호사상, 고졸 인력에 대한 편견이 산업 발전을 가로막고 있다고 단언했다. 앞으로 국민소득 2만 달러에서 5만 달러로 도약하기 위해서는 인적시장이 좀 더 다양해져야 한다는 것이다. 한 나라의 산업이 건강하게 발전하기 위해서는 피라미드 구조가 형성되어야 하는데 우리나라는 그렇지 못하다고 안타까워했다. 즉 가장 아래에는 숙련공, 그 위에는 테크니션&테크놀로지스트, 그 위에는 엔지니어 그리고 가장 상위에는 과학자들로 구성되어야 산업이 안정적인 발전을 이룰 수 있는데 우리나라의 젊은이들은 100명 중 2~3명이면 족한 엔지니어와 과학자가 되려고 100명 모두 목을 맨다는 것이다.

"현재 우리나라의 경제 수준에서는 테크니션과 테크놀로지스트의 역할이 무척 중요합니다. 이들은 자기주도적으로 일하는 게 가능한 숙련된 기술자들이에요. 그야말로 제품의 퀄리티를 결정하는 핵심적인 역할을 하는 산업의 중추 인력이죠. 그런데 이런 인력을 양성할 수 있는 사회적 기반과 인식이 너무 부족합니다. 우리의 경쟁 국가인 대만은 실업계 고등학교 진학률이 60퍼센트 이상입니다. 우리나라는 23.5퍼센트밖에 되지 않아요. 너나 할 것 없이 모두 인문계를 나와 대학교를 졸업하는 교육 풍토로는 더 큰 발전은 어렵습니다. 더 큰 성장을 하려면 교육과 직업에서도 다양성이 존중되어야 하고, 전문 기술 인력을 보다 더 많이 양성해야 합니다."

학력 중심에서 능력 중심으로, 졸업장보다 자격증

그는 한국교육개발원을 시작으로 한국직업능력개발원에 재직 중인 지금까지, 국가 직업교육 정책과 관련한 연구보고서·논문·교수·학습자료·이러닝(E-learning) 콘텐츠 등을 1000여 편이나 산출했다. 그 외에도 교육학 박사로서 중·고등학교 교과서인 《진로와 직업》, 《공업 입문》 등을 집필했으며, 진로 교육자료인 《나의 뜻 나의 길》, 《인생설계기록표》 등을 펴냈다.

공업고등학교의 가치에 대한 그의 믿음은 한결같다.

"조립, 제조, 가공 등 핵심적인 기술을 단련하는 데에는 손과 머리가 동시에 중요하지요. 1618세대 즉, 고등학교 1학년부터 3학년 시기에 기술을 연마한 사람 중에서 명장이 된 이들이 무척 많습니다. 이 시기가 머리와 손이 가장 유연하고 새로운 기술을 배우고 익히는 데 효과적인 시기이기 때문입니다."

그는 유럽을 예로 들면서 우리 교육의 문제점을 언급했다. 유럽에서도 공업이 특히 발전한 나라인 독일과 핀란드에서는 공업고등학교에 진학해서 기술을 배운 후, 바로 현장에서 일하다가 학업에 대한 필요성을 절감하게 되면 대학에 진학하는 경우가 일반적이라는 것이다. 그들은 일찍부터 일을 하니 결혼할 무렵에는 자기가 번 돈으로 집과 차를 사는 것도 가능하다. 당연히 부모로부터 경제적으로도 일찍 독립할 수 있다.

　이들 나라의 대학에는 사회 활동을 하다가 스스로 공부의 필요성을 느껴 입학한 학생들이 많기 때문에 30대 대학생들이 수두룩하다. 이렇게 기술과 학문을 두루 섭렵한 이들은 훗날 명장 즉, 마이스터가 되고 국가산업의 중추 역할을 하게 된다.

　"우리나라도 지금은 취업 후 일을 하면서 대학 공부를 할 수 있는 문이 활짝 열려 있습니다. 대학에 주말반, 여름휴가 집중코스 등이 있어서 자신이 하려고만 하면, 일과 학습을 충분히 병행할 수 있어요. 실제로 그렇게 하고 있는 사람도 무척 많습니다. 단지 대학 졸업장을 위해서가 아니라 '마이스터'가 되기 위한 길을 걷고 있는 것이지요."

　우리나라는 천연자원이 부족해서 인적자원에 전적으로 의지해야 한다. 실제로 세계은행이 발표한 자료에 의하면, 우리나라는 인적자원이 나라의 국부에서 차지하는 비율이 88퍼센트에 이른다. 반면 천연자원이 풍부한 호주는 55퍼센트, 천연자원의 보고 중동의 국가들은 20퍼센트 정도에 불과하다. 그만큼 우리나라는 인적자원을 더 효율적으로 관리해야 한다.

　김 박사는 바로 이 부분을 집중적으로 연구하고 정책을 세우는 일을 하고 있다. 25년째 국책 연구소의 연구원으로 활약한 그는 그간의 연구 공로를 인정받아 내무부 장관, 고용노동부 장관, 교육과

학기술부 장관, 국무총리로부터 표창을 수상했다. 2013년에는 국가 사회 발전에 크게 이바지한 공로로 대한민국 헌법에 따라 대통령으로부터 '국민포장(國民褒章)'을 받기에 이르렀다.

그가 이렇게 '교육'이라는 한길을 걸으며 왕성한 연구 활동을 할 수 있었던 원동력은 무엇일까. 김 박사 역시 유한공고의 졸업생들과 마찬가지로 '성실'을 꼽았다.

"학교 다닐 때 항상 '성실!' 구호를 외치고 다녔습니다. 그때는 몰랐는데 그 정신이 저의 삶과 태도에 큰 영향을 미쳤나 봐요. 성실이 제 삶의 엔진이 되었습니다."

그의 모교 사랑과 자긍심은 대단하다.

"2014년 4월에 국가 행사로 대한민국 고졸 인재 잡콘서트가 개최됐습니다. 서울 시내에 특성화고등학교가 74개, 경기도에만 240여 개가 있어요. 전국적으로는 훨씬 더 많지요. 그중 5개 학교가 대표로 행사에 참석하는데 유한공고가 당당히 뽑혔습니다. 유한공고 졸업생들은 지금도 많이 달라요. 취업률도 공고 중에서 늘 톱이고, 취업한 학생들도 다 인정을 받습니다. 유한공고가 바로 특성화고교가 나아가야 할 방향을 제시해주는 선두적인 역할을 하고 있는 것입니다."

그는 자주 모교를 방문해서 후배들에게 특강을 하거나, 오리엔테이션에 참여해서 대화하는 시간을 자주 갖는다. 그때마다 후배들에게 '꿈은 원대하게 꾸되 구체적인 계획을 세우라'는 당부를 잊지 않는다. 원대한 꿈을 갖고, 구체적인 계획을 세워 실천하고, 일관되게 한길만을 성실히 걷는 뚝심. 이는 바로 오늘날의 김 박사를 만들어준 유한의 가르침이기도 하다.

중학생 시절부터 유일한 박사와 같은 인생을 살고 싶다고 결심한 소년은 공업고등학교를 중심으로 우리나라 교육의 방향과 정책을 연구하고 기획하는 전문가가 되었다. 유한에서 배운 성실을 인생의 엔진으로 삼아 자신의 삶과 공부 그리고 일에 최선을 다해온 김선태 박사. 그는 유일한 박사의 정신과 히스토리를 계승해 실천하고 있는 진정한 교육자다.

냉철함과 따뜻함의 공존,
유일한에게 배운 세무 철학

황상순
해오름세무법인 대표, 세무사

국세청 세무조사반이 아무런 예고도 없이 유한양행에 들이닥쳤다. 세무조사반은 유한양행의 모든 장부를 한 달 가까이 조사를 하였다. 하지만 문제가 될 만한 것은 찾아낼 수가 없었다. 한 해 동안 내는 세금이 3억 원에 가까운 회사에서 1원 하나 착오가 없다는 것이 오히려 의심스러웠다.

조사반은 무슨 꼬투리라도 잡아내야지 그대로 철수하면 자신들이 무능해 보일 것 같았다. 그래서 유한양행에서 생산하는 모든 약들을 과학기술처로 보냈다. 약의 성분과 함량이 정확한지 낱낱이 분석해보기 위해서였다. 며칠 후, 과학기술처로부터 보고서가 도착했다.

'약의 성분 정확함, 함량 미달 없음.'

이 보고서를 들여다본 조사반은 너무 어이가 없어서 서로의 얼굴만 쳐다보았다.

"이처럼 지독한 회사는 처음 봅니다. 그렇게 털었는데도 먼지 한 줌 나오지 않으니 유한양행, 존경합니다. 정말 대한민국 최고의 기업입니다."

세무 전문가와 시인, 일견 서로 연관이 없을 것 같은 두 분야에서 모두 일가를 이룬 유일한의 후예가 있다. 바로 황상순 세무사다. 그는 국세청에 38년간 재직하면서 부가·소득·법인·재산·조사업무 등을 섭렵한 국내 대표 '국세맨'이자, 1999년 〈시문학〉으로 등단한 후 무려 세 권의 시집을 펴낸 '등단 시인'이기도 하다.

그에게 이 모든 것을 이루어낼 수 있었던 원동력은 무엇인지 물었다. 그로부터 돌아온 답은 유한의 다른 졸업생들과 마찬가지였다. 바로 유한공고 재학 시절 몸과 마음으로 자연스럽게 익힌 가르침이 이후 삶의 근간이 되었다는 것이다.

강원도 봉평 출신인 그는 5남매 중 막내로 태어났다. 그 시절에는 어느 집 할 것 없이 자식이 많았고, 당연히 모두 다 상급학교에 진학하기란 어려웠다. 황 세무사의 집도 그가 고등학교에 진학할 무렵 갑자기 형편이 어려워져서, 상급학교 진학을 위해서는 장학금을 받아야 했다. 그때 마침 고입 잡지에서 유한공고에 대한 기사를 보게 되었고 입학을 결심했다.

하지만 그는 입학한 뒤로 영 마음을 잡지 못했다. 형제들이 모두 공부를 잘해 좋은 대학에 입학했는데 혼자만 공고에 입학하게 되자 방황을 하게 된 것이다.

또 난생처음 혼자서 서울생활을 하다 보니 낯설기도 했지만 호기심도 생겼다. 학교생활에 마음을 붙이지 못한 그는 주말이면 버스를 타고 종점에서 종점까지 갔다 오기를 반복하며 수많은 생각을 했다.

"어쩌면 그때가 사춘기였는지도 모르겠어요. 어떤 날에는 아침 일찍부터 남산도서관에 가서 이런저런 고전소설과 시에 심취했어요. 밤이 되면 도서관 밖으로 보이는 서울의 야경을 바라보며 과연 나의 앞날은 어떻게 될까, 지금은 너무나 보잘것없는 내가 이 세상에서 과연 의미 있는 존재가 될 수 있을까 너무나 고민스러웠어요."

그의 갈등과 갈증은 방황에만 머물지 않았다.

"학교에 다니면서 따로 인문계 공부를 했어요. 저 같은 친구들이 많았습니다. 당시 유한공고에 입학할 정도면 경기고등학교에 입학하고도 남을 정도의 실력을 가진 학생들이었어요. 그런 친구들이다 보니 공부에 대한 갈증을 느낄 수밖에 없고, 공부를 안 하고는 도저히 못 배겼죠. 이런 발전적인 고민들을 함께하며 다 같이 성숙해졌습니다."

그는 독하게 공부했다. 학교 수업과 실습도 성실히 따라가면서 남은 시간에는 무섭게 공부했다. 모든 친구들이 학교 수업에 성실히 임했고 열심히 공부했다. 그의 공부에 대한 몰입은 건강을 해칠 정도로 지독했다. 몸이 너무 약해져서 3학년 2학기부터 하는 현장 실습에조차 나갈 수 없을 정도가 되었다. 졸업 후 한동안은 시골집에 가서 요양을 했다.

그러다 공무원 시험에 응시해서 합격했고, 국세청에 들어갔다. 유한공고에 들어갈 정도로 명석한 머리와 학교에서 다진 남다른 성실함으로 그는 하는 일마다 성과를 냈고 승진도 빨랐다. 업무능력뿐 아니라 인품도 남달라서 동료와 후배들로부터 덕망도 높아 2011년 중부청 운영지원 과장으로 근무하던 중에는 후배 세무 공직자들로부터 '닮고 싶은 상사'로 뽑히기도 했다.

그렇게 어언 40년간 세무공무원으로 한길을 걷다가 2012년 수원세무서장을 끝으로 공직생활을 마감했다. 현재는 세무사로 활동하면서 납세자 권익지킴이로서 인생 2막을 열었다.

"세무에 관한 어떤 문제도 믿음과 신용을 바탕으로 해결해야 합니다. 저는 세무 당국과 납세자 간의 균형을 유지하면서 빠르고 안

전하게 처리하려고 노력합니다. 업무 처리를 할 때는 기계적으로 하지 않고, 납세자가 처한 상황을 내밀하게 살피는 동반자적 관계로 일하려고 애씁니다."

갈등과 갈증의 시간이 꽃피운 시심(詩心)

그는 시인이다. 어릴 때부터 감수성이 남달랐는데 고등학교 시절에 겪은 심적 방황의 시간이 그의 감수성을 더 키워놓았다. 사춘기의 응어리진 갈등은 남산도서관에서 소설을 빌려보면서 풀어내고, 갈증은 시(詩)로 채울 만큼 문학에 심취한 소년이었다. 고등학생때 벌써 신춘문예에 시를 써서 보내기도 했다.

국세청 공무원 생활 중엔 엄격하기로는 둘째가라면 서러울 정도로 냉철하게 일했는데 수와 법을 다루는 업무에 종종 갑갑함을 느끼기도 했다.

"우연한 기회에 정호승 시인을 알게 되었어요. 선생님을 사사했어요. 시를 쓰는 것은 그 자체만으로 참 행복합니다."

1999년 드디어 〈시문학〉으로 등단해서 정식 시인이 된 그는, 이후 문예진흥원으로부터 기금을 후원받아 세 권의 시집을 발간하는 등 시인으로서도 왕성한 활동을 하고 있다. 그의 시는 중·고등학교 교과서에 실릴 정도로 작품세계를 인정받고 있다.

어름치 사랑

동강(東江) 어름치처럼

목숨을 다해 사랑하고 싶다

맑고 시린 거센 물살에

쌓아올린 돌탑

나 언제 그대 빈 가슴에

목숨 한 조각 얹은 적 있었던가

혼자 달아오르고

혼자 허물지 않았던가

사랑한 다음엔

미련 없이 죽으리라

흰 배 드러내고 물위로 떠올라

반짝이며 흐르다가

비오리의 한 끼 먹이가 되리

내 혼은 수리처럼 날개를 펴고

굽이굽이 강물 위를 날으리라

기화천 계곡 깊은 언저리

늦은 눈발로 날려가

바람꽃 한 송이로 피어나도 좋으리

동강 어름치처럼

목숨 다하여 사랑한 후엔

그의 시는 이처럼 담백하고 간결하다. 하지만 심금을 울린다. 글은 쓰는 사람이 어떤 마음을 먹느냐에 따라 다른 수단이 된다. 그는 말했다.

"우리 인생도 어떤 마음을 먹느냐에 따라 똑같은 상황이 좌절의 계기가 되기도 하고, 성숙과 성장의 계기가 됩니다."

공부를 잘했기 때문에 당연히 좋은 대학에 진학하고 싶었던 그는 적성에 맞지 않는 공고에 진학하고서는 한때 마음을 잡지 못했다. 이대로 내 인생은 끝나는 것인가, 이 사회에서 과연 내가 어떤 역할을 할 수 있을 것인가, 고민하고 방황하던 소년은 그 방황의 시간을 헛되게 버리지 않았다. 약진의 발판으로 삼은 것이다.

그는 오늘날의 젊은이에게 이런 말을 남겼다.

"방황 없는 청춘이 어디 있겠습니까. 고민 없는 삶은 또 어디 있겠습니까. 하지만 그 시간을 허투루 낭비한다면 그 방황은 더 깊은 좌절에 빠지게 할 뿐입니다. 더 높이 도약하기 위한 발판으로 삼아야 합니다. 누구나 알 속에 든 것처럼 웅크리고 고민하는 시간은 있기 마련입니다."

공부, 졸업장이 아니라
그릇을 키우기 위해 하라

김기향

뉴텍국제특허법률사무소 대표 변리사

일본의 만행이 날로 심각해지던 당시 미국이나 영국의 영향을 조금이라도 받은 것
은 무조건 잡아가고 때려 부수었다. 미국에서 오래 산 유일한도 일본이 노리는 대
상 중 하나였다. 유일한은 미국에 머물며 날마다 회사로부터 보고를 받았다.
그는 멀리서나마 조국의 해방을 위해 총력을 기울였다. 미군 정보고문으로 일하며
미군 작전에 도움을 주었다. 미국 육군정보전략처(OSS)가 한국에 특수요원을 투
입하기 위해 카타리나 섬에서 특수훈련을 진행할 때에는 직접 그곳까지 갈 정도로
관심이 컸고, 또 그럴 만한 영향력도 있었다.
1942년 8월 29일, 로스앤젤레스 시내에서는 색다른 시가행진이 벌어졌다. 태극
마크를 단 군복 차림의 동양인들이 힘차게 군가를 부르며 시내 한복판을 가로질러
로스앤젤레스 시청으로 행진했다. 이 군인들은 바로 맹호군이었다. 유일한과 독립
운동가 김호가 주축이 되어 결성한 해외 독립군이었다. 유일한은 이처럼 독립운동
에 정열을 쏟았으면서도 해방 후에는 단 한 번도 이 일을 입 밖에 꺼낸 적이 없었다.

"누가 인생을 다 알고 삽니까. 그저 살다 보니 이렇게 된 것이죠. 허허."

변리사로 현재 특허법률 사무소를 운영하고 있는 김기향 대표는 시종일관 겸손했다. 차분하고 친절한 인상과 말투만으로도 유한인 특유의 인품이 느껴졌다. 소탈하게 웃으며 털어놓은 그의 이야기는 점점 치열해지는 경쟁 속에서도 지치지 않고 자신만의 길을 찾아나서야 하는 오늘날의 젊은이들에게 시사하는 바가 컸다.

김 대표도 여느 학생들과 마찬가지로 가난한 집안의 똑똑한 아들이었다. 우리나라의 산업이 막 태동하던 1970년대, 그는 시대의 흐름에 맞춰서 기술을 배워 취직하고 싶었다. 그래서 유한공고를 선택했다. 기술을 잘 가르치고 전교생에게 장학금이 지급되고 졸업생들 모두 취직이 잘 된다는 이야기를 들었기 때문이다.

그는 빨리 기술을 배워서 취직하고 싶었지만 학교에 입학하자마자 공부하면서 기술을 배우는 게 생각처럼 쉽지만은 않음을 깨닫게 되었다. 친구들은 모두 공부를 잘했고, 기술을 배울 때도 최선을 다했고, 학교 규율도 무척 엄격했다. 하지만 그 역시 부지런히 배우고 공부해서 졸업할 무렵 공무원 시험에 합격했다. 건설교통부 공무원으로 첫 사회생활을 시작한 것이다.

하지만 그는 거기에 안주하지 않았다. 점차 일에 익숙해질수록 그는 공부에 대한 '필요'를 깨달았다.

"건설교통부에서 일할 때 기획과 법령업무 등을 주로 담당했습니다. 그런데 일을 하다 보니 공부를 좀 더 해야겠구나 하는 생각이 들었어요. 업무와 관련한 공부는 독학으로 했는데 그 무렵 대학에 진학해야겠다는 결심까지 하게 되었습니다. 단지 대학교 졸업장이 필요한 게 아니라, 공부 자체가 필요하다는 걸 절감했어요."

고졸 직원과 대졸 직원은 서로 다른 장단점을 갖고 있는데 당시 그의 눈에 일 잘하는 직원은 대부분 대졸 사원들이었다.

"대학 나왔다고, 또 좋은 대학교 나왔다고 무조건 더 잘 살고 더 똑똑한 건 절대 아닙니다. 하지만 일반적으로 봤을 때 공부를 더 많이 한 사람이 생각의 폭이 넓고, 판단과 결정의 순간에 좀 더 합리적일 수 있습니다."

명문 유한공고에 들어갈 만큼 재능 있고, 공무원 생활 중에도 줄곧 일 잘한다는 칭찬을 듣던 그는 공부를 통해 자신의 그릇을 좀 더 키워보고 싶었다. 그래서 야간대학교에 입학했다. 물론 빡빡한 공무원 생활을 하면서 대학 공부까지 병행한다는 것은 쉽지 않았다. 하지만 유한인답게 이겨냈다. 딱 4년 만에 공부를 마치겠다는 마음을 내려놓고, 바쁘고 중요한 업무가 많거나 학비가 없을 때는 한 학기씩 휴학했다가 복학했다. 당장 졸업장을 따기 위한 공부가 아니었기 때문이다. 직장을 최우선으로 삼고 그 일에 도움이 되는 공부를 하면서 차근차근 실력을 쌓아나가야겠다고 마음먹었다.

"공부를 한다고 당장 지식이 확 쌓이거나 갑자기 똑똑한 사람이 되는 것은 아니죠. 하지만 꾸준히 하다 보면 조금씩 달라지는 것은 분명히 있습니다. 일을 할 때 사용할 수 있는 데이터가 더 풍부해집니다. 물어볼 데도 더 많아지고 그만큼 답변도 다양해지고 풍성해지죠. 가령 자동차 리콜법에 대한 법률 작업이 막 시작될 무렵, 건교부의 입장에서 관련 법에 대한 업무를 할 때는 충돌 등 갖가지 실험을 하고 교수들로부터 자문도 구해야 했습니다. 그럴 때 업무의 매순간마다 그동안 공부해왔던 것들이 뒷받침이 되어 많은 도움을 주었습니다."

그는 학교에 다니며 하고 싶은 공부를 하는 것만으로도 좋은 일이라 생각해 대학원에 진학했다.

"다들 시간이 어디 있어서 그렇게 공부를 하냐고들 합니다. 직장생활을 하는 사람이라면 누구나 여유시간이 없잖아요. 하지만 시간을 쪼개고 또 쪼개다 보면 공부할 시간도 나기 마련입니다. 야근을 못하고 학교에 가야 할 때면 상사한테 양해를 구하고 주말에 사무실 나와서 일을 마무리했습니다. 일은 무조건 최고로 잘해야 한다는 생각으로 성실히 했어요. 학교 공부 하겠다고 일 잘 못하면 그 공부가 무슨 소용이 있습니까."

학교에 다니는 동안에는 동료들과 쌓인 스트레스를 털어놓으며 소주 한잔 하는 즐거움도 포기했다. 게다가 연차가 높아지자 점차 업무도 많아졌고, 공부도 점점 더 어려워져서 일과 공부를 병행하기가 녹록지 않았다. 하지만 그는 목적에 충실하다 보면 사소한 어려움은 아무렇지 않게 넘길 수 있다고 생각하면서 둘 다 포기하지 않았다. 그는 단지 지금 일 잘하는 사람으로 칭찬받기보다는 공공업무 분야의 전문가이자 더 큰 그릇을 가진 사람이 되고 싶었다. 그 목표를 달성하기 위해 그는 12년 만에 대학교와 대학원을 모두 마쳤다.

이후 특허청으로 발령이 났다. 건설교통부에서 일한 지 20년 만의 일이었다. 특허청은 기술에 대한 지식이 전제되어야 일할 수 있는 곳으로, 그가 그동안 공부한 것들을 유감없이 발휘할 기회였다. 특허청의 과장을 거쳐 특허 심사관을 역임했으며, 법원의 1심에 해당하는 특허분쟁심판을 처리하는 심판관을 지냈다.

공부는 꼭 필요할 때, 그때 열심히 하면 됩니다

공부에 대한 그의 철학은 남달랐다.

"고등학교를 졸업하면 바로 대학교에 입학해서 20대 초중반에 졸업하는 것을 마치 표준인 양 여기고 있습니다. 하지만 그건 대다수의 사람들이 그렇게 한다는 것일 뿐이지 모든 사람이 그렇게 해야 하는 건 아닙니다. 젊어서 공부 좀 안 하면 어떻습니까. 좀 놀다 뒤늦게 하면 어떻습니까. 고등학교 졸업하고도 수십 년을 더 삽니다. 한두 해 늦게 시작한다고 해서 하등 문제될 게 없어요. 또 모든 사람이 공부를 해야 하는 것도 아닙니다. 요리를 하는 사람은 대학을 안 나와도 음식을 맛있게 만들면 그것만으로도 자기의 인생에 충실한 겁니다. 그러다 공부에 대한 필요성을 느끼면 그때 하면 되는 겁니다."

그는 100세 시대에는 앞만 쳐다보며 조바심을 낼 게 아니라, 지금 당장 내가 할 수 있는 일과 내가 해야 하는 일에 충실하며 서서히 자기를 완성해가는 것이 인생을 사는 옳은 태도라고 믿고 있다.

이런 생각을 하게 된 근간에는 그의 긍정적인 성격이 한몫을 했다. 고등학교를 졸업하고 곧바로 대학에 진학할 여건이 안 되었지만, 그때도 언젠가 공부가 필요한 때가 되면 그때 대학에 가면 된다고 생각했다. 직장생활을 하는 동안에도 업무를 할 때 늘 '하면 된다'는 생각으로 적극적으로 임했다. 직위가 올라갈수록 업무도 인간관계도 복잡해지고 얽혔지만 그는 늘 된다고 생각하고 임했다. 직장생활을 하면서 공부를 시작한 사람 중에는 중도에 포기하는 이들도 많았지만 그는 '할 수 있다. 지금 바로 안 된다면 조금 미루었다 하면 꼭 된다'고 생각하며 절대 포기하지 않았다.

그는 직장인의 공부에 대해 '할 때는 무척 고달프지만 그 후 일을 하는 내내, 인생을 사는 내내 남다른 보람을 느낄 수 있는 것'이라고 말했다. 대학원을 마친 후에도 그는 끊임없이 공부했다. 지금도 업무에 대한 공부뿐 아니라, 바깥세상에 대한 공부도 게을리 하지 않고 있다.

"기술은 끊임없이 발전하고 변화합니다. 그걸 부지런히 따라가야 하고 또 앞으로의 변화 추이를 전망할 수 있어야 합니다. 그건 책상 앞에 앉아 있다고 되는 게 아닙니다. 어떤 새로운 기술이 나오는지 촉각을 곤두세우고 있어야 하며, 또 여러 회사들을 둘러봐야 합니다. 주의 깊게 관찰하면 변화의 방향과 추이가 보입니다. 큰 변화의 방향을 간파하고 나면 그에 부합하는 작은 변화들이 또 보입니다. 그렇게 지금의 기술이 어느 쪽으로 흘러가고 있는지 정확히 파악하고 그에 맞게 준비를 해나가야 합니다."

그는 소위 '통찰'이란 수십 년간 축적해온 공부와 경험이 보내는 신호라고 말한다. 그 지식의 선순환을 경험했기에 그는 지금도 끊임없이 보고 듣고 공부하고 있는 것이다.

더 좋은 세상을 만드는 데
보탬이 되겠다는 마음으로

한호형

법무법인 우송 대표변호사

"손녀 유일림에게는 대학 졸업 때까지 학비 1만 달러를 마련해준다. 딸 유재라에게는 유한 중·고등학교 구내에 있는 묘소 주변 땅 5000평을 물려준다. 이 땅을 유한동산으로 꾸며주기 바란다. 단, 유한동산엔 학생들이 마음대로 드나들 수 있도록 울타리를 치지 마라. 학생들의 티 없이 맑은 정신과 젊은 의지를 지하에서나마 더불어 보고 느끼게 해달라. 아들 유일선은 대학까지 공부시켰으니 앞으로는 자립해서 살아가라. 나머지 내가 가진 모든 재산 즉, 유한양행 주식 14만 941주 전부를 한국사회 및 교육 신탁기금에 기증해 뜻 있는 교육사업과 사회사업에 쓰도록 하라."
1971년 3월 11일, 유일한은 세상은 떠났다. 수많은 사람들의 눈물을 뒤로 하고 그가 남긴 것은 낡은 구두 두 켤레와 양복 세 벌 그리고 40년 전 해외여행에서 돌아오며 네 살배기 딸 재라에게 선물해준 조그만 장갑 한 켤레와 유언장이었다.
'사람은 죽어서 돈을 남길 수도 명성을 남길 수도 있지만, 가장 훌륭한 것은 사회를 위해 남기는 그 무엇'이라는 말을 했던 유일한은 그 신념을 몸소 실천했다. 위대한 기업 유한양행을 이 땅에 남기고 자기의 재산 전부를 사회에 환원한 것이다.

유한공고 출신 중에는 사업가와 기업체 간부들도 많지만, 다양한 분야의 오피니언 리더들이 있다. 그들 중에 사법시험에 합격해 법조인의 길을 걷고 있는 유한공고 출신들도 있다. 8회 졸업생인 한호형 변호사도 전기과를 졸업했지만 기업가가 아닌 변호사로서의 인생을 선택했다.

그의 첫인상은 이지적이고 샤프한 변호사 특유의 이미지였지만, 따뜻한 미소 속에는 겸손과 배려의 미덕이 고스란히 담겨 있었다. 한 변호사 역시 유일한 박사의 후예답게 30년 넘게 법조인의 길을 걸으면서 한 치의 부끄럼 없는 인생을 살고 있다는 자부심을 갖고 있었다.

가난도 꺾지 못한 명석한 공부머리

과학자가 되는 게 꿈이었던 그는 초등학교 때부터 1등을 놓치지 않았다. 학교에 다녀와서 책가방을 내려놓자마자 농사일 돕고 소풀 먹이는 일을 해야 했던 가난한 집 막내아들이었지만 공부는 늘 최고로 잘했다. 특히 수학을 잘해서 학교 수업만 듣고도 항상 100점이었다. 선생님이 수학박사라고 별명을 지어주셨다.

중학교에 가서도 3년 내내 전교 1등을 했다. 하지만 가정형편이 좋지 않은 데다 중학교 때 아버지가 돌아가시자 고등학교 진학은 엄두도 못 냈다. 학교 졸업하면 곧바로 일을 해야 하는 줄 알았었다. 그런데 어느 날 중학교 사회 선생님이 유한공고에 대한 이야기를 해주셨다. 전액 장학금을 준다는 말에 귀가 솔깃해졌다. 수학과 과학을 좋아하던 그는 전기과에 입학했다.

전국에서 공부 잘하는 학생들이 모여 있던 당시 유한공고에서도 그는 단연 두각을 나타냈다. 졸업하면 취직하는 것을 당연한 것으로 여겨 교과목에 열중하던 2학년 말에 담임선생님으로부터 진학을 해보라는 권유를 받았다.

"내 인생에서 가장 큰 전환점을 주신 유효선 선생님이세요. 책도 많이 사주셨고, 조카들이 보던 책까지 갖다 주시면서 공부할 수 있게 많이 도와주셨어요. 아버지가 일찍 돌아가셨던 제게 부모처럼 도와 주셨습니다."

서울대학교 공대를 목표로 삼고 실업계 교과서와는 완전히 다른 인문계 전 과목 교과서 3년 치를 쌓아놓고 공부하기 시작했다. 영어, 국어, 수학은 물론이고 제2 외국어인 독일어까지 혼자서 해결해야 했다. 잠자는 시간을 제외하고는 오로지 공부만 했다. 하지만 문제는 그뿐이 아니었다. 취업을 생각하며 진학을 도와주었던 집안의 반대에 직면했다. 어려운 가정형편은 여전히 발목을 잡고 있었다.

그러던 중에 건국대학교에서 교비 장학생을 뽑는다는 이야기를 들었다. 전액 장학금을 주는 데다 매달 생활비까지 주는 조건이었다. 서울공대를 목표로 공부했기에 아쉬움이 컸지만, 어려운 형편에 너무나 매력적인 조건에 응시를 거부할 수 없었다. 결과는 수석 합격이었다. 생각지도 않은 법학과에 입학하게 되었지만 그는 곧 법학의 매력을 발견했다. 사람은 타고난 처지와 능력이 모두 다르지만 법 앞에서는 누구나 평등하다는 법의 정신과, 세상을 보다 공평하게 하고 사회정의를 추구하는 도구로서의 법의 역할에 큰 공감을 하게 되었다. 그는 법학 공부에 더 깊이 빠져들었고, 법관이 되어 세상을 바르게 하는 데 보탬이 되어야겠다는 신념까지 갖게 되었다.

그는 건국대학교에서도 입지전적인 인물이다. 74학번으로 입학해 2학년 재학 중에 사법시험 1차에 합격했다. 3학년 때 응시한 2차 시험에 한 차례 떨어졌지만 그 다음 해에 1차, 2차 시험에 연이어 합격했다. 공부하고 탐구하는 것 자체를 좋아했던 그에게 법학은 고시 공부의 수단이 아닌 학문 자체로도 충분히 매달려볼 가치가 있었다.

"법학은 논리정연하고 정의로운 학문입니다. 법은 부분적으로만 보아서는 이해를 하기 어렵습니다. 그러나 깊이 이해할수록 법 규정 상호 간에 유기적인 관계를 갖고 있음을 알 수 있어요. 사회에서 일어나는 모든 현상을 체계적으로 분류하고 서로 상충하지 않으면서도 각 현상마다 정의에 부합하는 결론을 내주고 이를 실현시켜 주는 것은 수학적이고 논리적인 사고를 요구할 뿐 아니라 선과 정의를 실현시켜 주는 것이기에 어렵다가도 다시 몰입되기도 합니다."

선하게, 최선을 다하는 법조인의 길

"유한공고 시절 '성실' 구호를 외치면서 인사를 했습니다. 고등학교 1학년 무렵에는 그 구호를 외치면서 인생을 성실하게 선하게 살겠다고 생각했습니다. 선하다는 것은 어떤 조건에서도 최선을 선택하는 것입니다. 사람이 왜 사냐고 물으면 대답하기 어렵지요. 그런데 농부가 봄에 볍씨를 뿌리고 모내기를 하고 김을 매고 물을 주면 가을에 벼가 익지요. 벼는 자기가 왜 자라는지 모르지만 농부는 알고 있지요. 봄과 여름에 무럭무럭 자라 알찬 벼이삭을 맺어 주기를 바라는 것이지요. 인생도 같지 않을까요? 자기에게 주어진 삶을 최선을 다해 성실하게 살아 삶의 열매를 맺는 것, 그것이 바로 우리에게 생명을 주신 뜻에 부합하는 것이지요. 그런 삶이라면 후회가 없을 것입니다."

그는 사법연수원을 졸업한 후 군법무관 근무를 마치고 판사로 임용되었다. 대구지방법원, 수원지방법원, 서울고등법원 등에서 판사로 9년 동안 일했다. 그 후 변호사 생활을 시작해 8년 동안 일한 후 다시 법원으로 복귀해서 부장판사, 사법연수원 교수, 지방법원 부장판사를 역임했다. 현재는 변호사로 일하고 있다.

그는 매순간 늘 최선을 다하는 것을 인생의 철칙으로 삼고 살고 있다. 법조인의 길을 걸으면서부터는 특히 더 그랬다. 판사는 특정 사건의 사실관계를 확인하고 판단한 후, 그것에 법률적 판단을 적용해서 구체적으로 타당한 결론을 내린다. 그 과정에서 판사에게는 재량이 많다. 가령 증거가 서로 모순될 때 어느 증거를 채택할 것인지, 형벌은 어느 정도로 정할 것인지도 판사가 결정해야 하는 몫이다. 그는 그 재량을 자신의 권리로 여기지 않았고 절대 함부로 쓰지 않았다. 그에게 판사로서의 재량은 권리가 아닌 막중한 책임이 따르는 권한에 불과했다.

"수원에서 형사 단독 재판을 할 때였습니다. 봉고버스 운전사가 친인척 12명을 태우고 놀러 갔다가 오던 중에 직선도로에서 중앙선을 넘어 마주 오는 시외버스와 정면충돌하여 운전사만 살아남고 다른 가족은 모두 사망한 사건이 있었어요. 당시 운전사는 라디오를 조작하다 실수로 중앙선을 넘었다고 기소되었는데 재판과정에 그런 사실이 없다고 부인하기 시작하더니 버스가 자신의 승합차 뒤를 받아서 차가 튕겨나간 것이라고 진술을 바꿨어요.

그때 저는 사건의 정황을 파악하기 위해 현장검증을 실시했습니다. 그런데 심리를 하다 보니 같은 시각 그 도로에서 관광버스가 앞 차들을 차례로 들이받은 사건이 있었어요. 대형 관광버스가 빠른 속도로 달리던 중에 휴게소에서 갑자기 나오는 차와 충돌하면서 제동을 할 수 없게 된 상태에서 계속 달리며 앞 차들을 차례로 받은 거였어요. 당시 위 버스가 충돌한 다른 자동차에서는 사망자가 없었기 때문에 약식기소로 사건이 종료되었어요. 그러나 현장검증을 하는 과정에 위 버스가 사고 지점을 통과한 시각이 위 봉고버스가 충돌한 시각과 일치한다는 것을 발견하였습니다. 그 후 봉고버스 후면에 위 버스의 앞 범퍼가 충돌하면서 긁힌 자국까지 확인을 하여 결국 12명이나 사망한 대형 사고임에도 불구하고 무죄를 선고

하였습니다."

변호사로 일할 때는 이런 일도 있었다. 어느 화공약품 회사 직원 A가 사기죄로 1심에서 유죄 판결을 받고 그를 찾아왔다. 거래처 B가 물품대금을 제때 주지 않아 담보를 더 요구하였다가 B가 지인 C로부터 근저당권을 설정 받아 회사에 담보로 제공함에 따라 추가로 물품을 공급하였는데, C로부터 자기한테 물건을 준다고 해서 근저당권 설정을 해주었는데 물건을 주지 않았으니 사기라는 이유로 고소를 당했다. A는 당연히 아니라고 하였지만 C와 주변 인물은 물론 B까지도 일치하여 고소 사실이 맞다고 증언함에 따라 1심에서 유죄 판결을 받았다.

"그때 저는 피해자 C에 대한 반대심문에 주력했어요. B, C 그리고 주변 관계자들이 일관되게 A가 사기를 친 거라고 주장했는데 뭔가 석연찮았거든요. 보통 상거래에서 사기를 당하면 사실을 안 즉시 고소하는 게 일반적이에요. 피해자 C는 5개월이 지나서야 고소했고, B에게 여러 차례 항의를 하였지 피고인인 A나 회사에 와서 항의한 사실이 없어요. 회사를 상대로 근저당권 말소 소송까지 제기한 사람이 사기를 친 A나 그가 근무하는 회사에 찾아가 사기 사실을 고지하고 따지지 않을 수는 없는 일이지요."

반대심문 끝에 그는, C가 B로부터 위 화공약품 회사로부터 물건을 받아 그것을 팔아 돈을 줄 테니 담보를 제공하여 달라는 말을 믿고 자기 소유 부동산에 근저당권을 설정하여 주었는데, B가 회사에서 받은 물품을 처분하여 대금을 사용하고는 C에게 주지 않았음을 밝혀냈다.

법률상 C는 B에게 속았다고 하여서는 위 회사를 상대로 근저당권 말소를 구할 수 없고, A에게 속았다고 하여야 근저당권을 말소할 수 있다. 결국 A가 사기죄로 처벌을 받으면 B는 자신의 사기 행각이 처벌받지 않아도 되고, C는 부동산을 찾아 손해를 면할 수 있으니 B와 C의 이해관계가 일치하여 허위 진술을 하였던 것이었다.

그러나 실제 사실을 바탕으로 하지 않는 진술은 어딘가 허점을 보이게 마련이다. B에게 사기 당한 것을 A에게 사기 당한 것으로 거짓말하기로 공모하였지만 공모하지 않은 부분까지 거짓 진술을 준비하기는 어렵다. 상식적으로 행동하는 보통 사람이라면 사기를 당한 경우에 취했어야 하는 행동을 C는 하지 않았던 것이고, 이에 관한 한 변호사의 반대심문에 C는 자기의 진술이 사기를 당한 경우에 취했어야 하는 행동과 다른 내용이라는 것을 미처 깨닫지 못하고 모순되는 사실을 시인하였던 것이다. 결국 고등법원 재판부는 원심을 뒤집고 A에게 무죄를 선고하였다.

법조인의 삶에 양심의 기준이 되어준 유일한 박사

"재판에 많은 재량이 주어진 만큼 답도 여러 개 있을 것 같지만 그게 아닙니다. 정답은 하나밖에 없어요. 죄에 대하여 벌을 주는 것도 가장 적정한 벌은 하나뿐이에요. 판사 마음대로 늘렸다 줄였다 해서는 안 되는 것입니다. 그 하나를 찾아내는 것이 판사의 임무예요. 정답을 못 찾을 때는 답답하기도 하지만 최소한 증거가 부족하면 더 입증할 기회를 줍니다. 사건이 얽히고 꼬여 진실을 가리기 어려울 때에는 많은 경험과 뛰어난 논리로 진실을 가려줄 필요가 있어요. 어떤 때는 법률 규정을 종전대로 해석하면 부당한 결론이 나오는 경우가 있어요. 이때 기존 사건과의 차이를 가려 새로운 법리를 구성함으로써 모순 없이 정의에 부합하는 결론을 낼 때 판사로서의 보람이 있습니다. 재판이 당사자들에게 미치는 영향력은 실로 지대합니다. 사회에 미치는 파급도 크고요. 그래서 늘 막중한 책임감을 갖고 한 건 한 건 최선을 다했습니다. 판사생활을 돌이켜볼 때 후회는 없어요."

그는 변호사로서, 사법연수원 교수로서의 삶에도 후회가 없다. 최선을 다해 성실히 임했기 때문이다.

한 변호사는 자신의 인생에 있어 가장 중요한 터닝 포인트는 유한공고 입학이라면서 '유한인'이라는 사실을 자랑스러워했다. 가난 때문에 고등학교조차 못 갈 형편이었던 자신을 공부시켜준 유일한 박사에게도 깊은 감사와 존경의 마음을 간직하고 있었다.

"제가 고등학교에 입학하자마자 유일한 박사님이 돌아가셨어요. 그 후 자신의 전 재산을 사회에 환원한 사실을 알았습니다. 그때는 막연히 훌륭한 일이라 생각하였지만 지금 생각해보면 결코 아무나 흉내 낼 수 없는 일이라 하지 않을 수가 없습니다. 세상의 죄를 구원하기 위하여 자신의 목숨을 내어놓으신 예수님을 진심으로 믿고 따른 분이셨습니다. 제가 법조인의 길을 걷는 동안 늘 사회정의를 염두에 두고 매사에 최선을 다하였던 것은 유한의 가르침이 그 밑바탕이 되었기 때문입니다."

선택과 집중이
아름다운 인생을 만든다

김승만

Stanzione & Kim 공동대표

하루는 일한이 조권순을 불러 편지 한 장을 내밀었다. 어리둥절한 조권순이 봉투를 보니 얼마 전 자신이 일한에게 보낸 편지였다. "사장님, 혹시 제가 보낸 내용에 잘못이라도 있습니까?" 그는 걱정스러운 얼굴로 물었다.

그러자 일한은 봉투를 앞으로 밀어 놓으며 이렇게 말했다.

"우리나라 우편국에서는 50원짜리 우표는 발행하지 않는 모양이지?"

"아닙니다. 50원짜리 우표도 있습니다."

"그럼 왜 50원짜리를 안 붙이고 10원짜리 우표를 다섯 장이나 붙였지? 50원짜리 한 장만 붙이면 우체국에서 소인을 한 번만 찍을 것이 아닌가? 그런데 자네가 다섯 장이나 붙인 것 때문에 우체국 직원이 소인을 다섯 번이나 찍지 않았나? 그게 낭비가 아니고 무엇인가?"

이 이야기가 퍼지면서 유한양행 직원들은 사소한 것도 낭비하지 않으려는 일한의 절약정신을 본받으려고 애를 썼다.

지금까지 한 번도 1등을 해본 적이 없고 보물찾기에서 한 번도 보물을 찾은 적이 없다. 그저 직장생활을 하면서 그가 아는 것이라곤 그저 평범한 직장에서 얻은 지식과 경험이고 그것을 이용하면서 살아가고 있다.

그래서 그런지 유 박사님의 "아는 것을 어떻게 활용하느냐가 중요하다"는 철학은 지금도 그의 머릿속에서 지워지지가 않는다. 아는 것을 이용하기 위해서는 더 필요한 것이 있었다. 긍정과 용기가 필요하고 두려움을 이겨내는 마음이 필요하고 실행하려는 의지가 있어야 한다는 사실을 말이다.

이제 시간을 잠시 유한공고 시절로 되돌려본다.

먹고사는 문제가 힘들었던 고교 시절

학비 낼 여유가 없을 때 집중해야 할 일은 무엇일까? 학비를 버는 길, 아니면 학비를 최대한 덜 내는 길일 것이다. 물론 학교를 가지 않을 수도 있을 것이다. 하지만 그것은 현재에 집중하는 것이 아니라고 생각했다. 나름대로 현재에 집중하려는 습관을 가지려고 노력했고, 나중에는 어느 정도 가졌다고 생각한다.

김승만 씨가 고등학교에 들어갈 때가 되어서 현재에 집중하는 자세로 찾은 곳이 바로 유한공고였다. '성실'이라는 단어도 맘에 들었다. 그런데 인사할 때 외치는 '성실'이라는 구호는 왠지 부담이 됐다. 현재에 집중한다는 것과 미래형의 성실이란 것은 전혀 다른 것이 아닌가 하는 생각도 들었다. 하지만 현재에 집중하는 것이 치열하게 생존해야 한다는 의미와 함께 살아와서 그런지 그냥 성실이란 단어가 부드럽고 압박감이 없어 보여 좋았다.

물론 그의 경우 학비 걱정은 덜었지만, 먹고사는 문제는 여전히 집중할 수가 없었다. 방학 때면 청계천에 있는 시장에 가서 금붕어와 어항을 사 리어카에 싣고 다니면서 팔았다. 우연히 길에서 마주친 학교 친구가 놀라서 "너, 이런 거 하냐"고 묻는 일이 벌어지기도 했다.

학교에서의 배려도 있었다. 방과 후 친구들이 청소하는 시간에 그는 선생님들 구두를 닦고 보수를 받는 기회를 가졌다. 물론 선생님 구두는 정말 반짝반짝 광나게 성실하게 닦았다. 나중에 이 기술은 33개월의 육군 보병 군대생활에서도 아주 유용했다.

그는 당시 살고 있는 동네에서 과외 선생까지 하게 되었다. 멀리 차를 타고 가서 비싼 과외를 받을 형편이 안 되는 동네 학생들을 가르쳐주고 약간의 보수까지 챙겼다.

이 와중에 그는 신중현과 같은 기타리스트가 되고 싶었고, 최인호와 같은 작가가 되고 싶기도 했고, 낭만파 화가가 되고 싶기도 했다. 자신의 생각과 감정을 소리로, 글로, 그림으로 표현하는 그들이 너무 부러웠다. 이러한 것들은 그에게 허락되지 않은 것 같았고 그저 꿈일 뿐이었다. 집중한다고 될 일이 아닌 것 같았다.

그래서 그는 자신에게 주어진 것이 무엇이며, 앞으로 무엇을 선택하여 집중해야 할 것인가를 놓고 고민하게 되었다.

"그래, 무엇인가에 집중하자."

그가 유한공고를 졸업하고 찾은 곳은 세무서였다. 면접 때 우리나라의 세무 행정을 바르게 이끌 것이라고 나름 심각하고 반듯하게 답변하였다. 사실 속마음은 돈에 집중하고 싶다는 것이었으나 차마 이 말은 꺼내지 못했다. 대전시 괴정동에 있는 세무공무원 연수원에서 두 달간 합숙훈련을 받으면서 세법 지식과 세법 집행에 대해 교육을 받았다.

그는 일을 잘한다고 서울지방국세청장상을 받기도 하였지만 알게 모르게 국가 공무원 월급 5만 원보다 훨씬 더 많은 돈이 '뒷주머니'로 들어왔다. 정말 행복한 시기가 아니었던가. "집중이란 이런 것인가 보다" 하는 착각 속의 행복이었다. 그러나 그는 정말 성실하려면 이런 것이 아니라고 생각했다. 선택을 후회하게 됐다.

마침 그는 군대 영장을 받아들게 됐다. 건방지게 불쑥 세무서에 사표를 던지고 군 입대를 했다. 주위에서 난리가 났다. "그 좋은 세무공무원 자리를 차버리다니…"부터 "너무 안타깝다"느니, "제대 후 나중에 사표를 내도 되는데…" 등 한결같은 반응들뿐이었다.

하지만 그에게 점점 분명해지는 것이 있었다. 즉, 그때까지 자신이 했던 일은 진정한 선택이나 집중이 아니었다는 것. 그가 자신의 선택이 후회되지 않도록 해야겠다는 생각이 들어 군 제대를 하고 간 곳은 포항제철 전력과 발전소였다. 다소 성가신 3교대 근무였지만, 즐비한 횟집과 매운탕집을 종종 다니는 생활이 매우 즐거웠다.

그는 이때 한 여자를 만나게 됐다. 그 여자에게 나의 공부하는 모습을 보여주고 싶은 상상에 포항제철을 그만두고 대학교에 진학하게 됐다. 뭔가 어렴풋한 느낌이 들 때는 정지해 있는 것보다 나은 방향으로 움직여 가는 것이 최선의 선택이 아닌가 생각했다.

공부하겠다고 시작했으나 생활이 되질 않았다. 그는 다시 서울시 공무원 생활을 시작했다. 동대문구청과 제기동사무소에서 일하면서 대학은 야간에 다녔다. 학생과장을 찾아가 매달려서 흥한재단 장학금을 받게 되었다. 흥한재단은 일제 강점기 때 화신백화점을 통해 부를 쌓은 박흥식이 만든 것이었다.

고등학교는 민족사업가 유일한 박사의 도움으로, 대학은 일제사업가 박흥식의 도움으로 다니게 된 셈이다. 뭔가 대조되는 상황이었지만, 그저 감사한 마음으로 장학금을 받기만 했다. 그러한 상황에서 선택은 그에게 자유가 아닌 것 같았다.

대학 졸업 후 대기업 신입사원으로 새 출발을 했다. 중학교 때 신설동 로터리 동보극장 건물에 위치한 신문보급소에서 신문 배달을 했던 적이 있었는데, 그 신문사와 그 대기업이 같은 그룹이라는 이야기를 듣고 그저 친밀감이 들어 지원했던 것이었다. 선택의 문제에서 '집중'과 관련 있는 것을 선택한 것이다. 참으로 의미 있는 선택이었다.

특허 업무에 집중하다

그가 일하게 된 곳은 특허과. 1980년대는 우리나라가 전자제품 시장에 본격적으로 진입한 시기로, 해외 업체들의 견제구와 거머리 작전으로 특허권 문제가 크게 대두되었다. 특허지식과 자원은 부족한데 제품사업부 쪽에서의 기대는 크고, 해외 업체의 특허료 부담은 엄청나고, 우리 특전사(특허전담 사원)들은 특허의 실체와 본질을 배우면서 특허 출원, 특허 분석, 특허 라이선싱, 특허 소송 등 모든 일을 해내는 '맥가이버' 그 이상이었다.

모든 전문직이 그렇듯이 특허라는 분야도 하고 싶다는 희망보다는 특허에 꼭 맞는 두뇌 구조가 필요한데 아마 그는 이를 갖고 있었다고 생각한 모양이다. 그는 스스로 선택을 했던 집중이 나중에 잘된 것으로 나타난다고 생각했다.

그는 마흔 중반에 들면서 회사 일도 어느 정도 익숙해지고 성과도 평가도 높고, 이제는 성실과 집중이 이루어진 것이 아닌가 하는 생각이 들었다. 마음이 편해지고 행복했다. 하지만 마음 한구석에 정말 성실과 집중이 이루어진 것인가 하는 의구심이 들었다. 아직 아닌 것이 아닌가? 무엇인가 하지 못한 것이, 아직 개척하지 않은, 집중하지 않은 것이 있는 것 같았다. 그는 그것을 찾느라 안 해도 될 고민을 끊임없이 했다.

그래, 그거다. 미국에 가서 공부를 더 하고, 특허 일을 제대로 해보자는 생각에 이르게 됐다. 선택과 집중이 끝난 것이 아니라, 아직 개척할 것이 남아 있고, 아직 선택을 해야 할 집중이 남아 있었던 것 같았다.

한국 친구들과 이별하기 싫어하는 아들 둘을 달래고 아내를 안심시켜 가면서 그간 약 15년간 몸담았던 회사를 떠나 결국 1998년 미국으로 들어갔다. 자신이 선택한 길이었지만 회사 안에서 일하다가 미국에서 혼자 스스로 해야 하는 상황으로 변한 것이고, 갑자기 태평양 한가운데 망망한 바다에 혼자 있는 쓸쓸하고 고독하고 두렵고 전에 전혀 느껴보지 못한 그런 기분이었다. 선택은 외롭고 고독한 것이리라.

그는 참으로 지난 15년간 독하게 열심히 배우고 일했다. 전에는 전혀 느끼지 못한 집중을 한 것 같았다. 그런 집중을 두 번만 더 하면 사람을 잡겠다는 생각이 들기도 했고, 후회하기도 했다. 어느 정도로 해서는 안 된다. 공부하는 것도, 일하는 것도 미국사람보다 더 해야 한다. 배우고 일하고, 다른 나라 사람과 경쟁하고 살아가는 것은 언제 어디에서나 어려운 것이다.

그러나 이를 극복하는 것도 성실과 집중하는 마음의 자세가 많은 도움이 되었다. 그는 지금 미국 친구와 공동 파트너로 일을 하고 있으며, 최근에는 특허 분야에서 '퀄리티 톱10'에 드는 특허사무소로 성장하게 되었다.

이제 어렴풋이 이해가 된다. 살아가면서 끊임없이 선택을 해야 하고 그 선택에 집중하면 결국 성실이라는 목표에 다다르게 된다. 그냥 그렇게 하기보다 즉, 자신에게 주어진 것만 하기보다, 무엇이 최선인지 끊임없이 개척하고 선택하고, 집중하면 그 결과가 성실이라고 생각된다. 아무도 모르는 결과는 현재의 개척, 선택, 집중에 달려 있어 보인다.

그리고 일면식도 없는 우리들에게 도움을 준 유일한 박사님. 우리를 심하게 꾸짖어 주었지만 인자하게 이끌어주신 학교 선생님들. 지금까지도 알게 모르게 도움을 주는 이웃과 친구들. 그는 이 모두를 성실이라는 미래를 이루게 한 요인들이라고 생각한다. 학교가 부여한 '성실'에 자신만의 '선택과 집중'을 더하여 미래를 찾아가고 이루어 갈 때 그 인생은 아름다워지는 것이라 생각한다.

그는 이제 몇 년 있으면 은퇴하게 된다. 그러나 아직 개척해야 할 집중이 남아 있고 성실은 아직 완성되지 않았다고 생각한다. 우리를 현재 여기에 있게 한 유한에 감사하고, 젊은 청년들에게 성실과 미래를 심어주는 유한에 깊은 애정과 감사함을 느낀다. 그리고 후배들이 최선으로 현실을 개척하고, 선택하고, 집중해서, 결국은 성실하고 아름다운 인생을 살아가기를 바라고 있다.

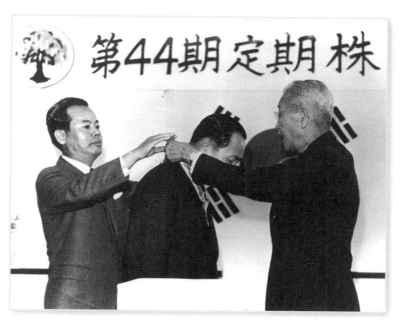

"누구든 능력 있는 전문 경영인이 이 회사를 맡아 발전시켜야 합니다. 이것이 우리 회사의 전통이 되기를 바랍니다." 1969년 10월에 열린 유한양행 제44기 정기주주총회에서 평사원 출신 조권순 전무에게 대표직을 물려주는 유일한 박사.

4

유일한의
기업가정신을
실천한후예들

유일한 박사의
기업가정신 1

+

기업의 생명은

신용이다.

기업에서 얻은 이익은

그 기업을 키워준 사회에 환원해야 한다.

연마된 기술자와 훈련된 사원은

기업의 최대 자본이다.

기업은 한두 사람의 손에 의해서 발전되지 않는다.

여러 사람의 두뇌가 참여함으로써

비로소 발전되는 것이다.

이윤의 추구는

기업 성장을 위한 필수 선행조건이지만

기업가 개인의 부귀영화를 위한

수단이 될 수는 없다.

기업의 기능이

단순히 돈을 버는 데서 머문다면

수전노와 다를 바가 없다.

시간이 흐를수록 빛나는
유일한 박사의 사업 원칙

이원해

대모엔지니어링 회장

"일제에 애국하기 위해 세금을 낸다는 말이 아닙니다. 우리가 일제로부터 독립했을 때를 위하여 지금부터 세금을 정직하게 내는 것을 익혀야 하오."
유일한은 세금 이야기를 할 때마다 '라초이' 시절, 중국에 녹두를 사러 갔을 때 만났던 중국 상인의 모습을 떠올렸다. 개인의 부를 위해 탈세하여 귀족처럼 살고 있던 상인, 그런 상인들이 세금을 정직하게만 냈더라도 중국이 가난에서 벗어날 수 있었을 것이라고 늘 생각했다. 그래서 유일한은 유한양행을 세운 직후부터 직원들에게 세금을 정직하게 내는 것이 애국이라고 틈만 나면 교육을 시켰다.

이원해 회장은 7년 동안 외국계 중공업회사 기술협력 부서에서 근무하다 1989년 자신의 회사를 차렸다. 일하면서 업계 현황을 파악한 이 회장은 장차 국내시장에 기회가 생길 것이라 보고 사업을 시작했다. 당시 건설 중장비 시장의 주도권은 유럽에서 미국, 다시 일본으로 넘어간 상황이었다. 그는 일본 업체들이 국토의 70퍼센트가량이 산악지역인 한국에서 제품을 테스트하는 것을 보고 국내에서 사업을 벌이면 불필요한 공정을 줄여 단가를 낮출 수 있다고 확신했다. 다만 사업 규모가 큰 데다 국내 대기업 간 경쟁이 치열한 건설 중장비 대신 굴착기 어태치먼트(부착물)에 특화해 틈새시장을 노렸다.

어태치먼트는 아스팔트를 부수는 브레이커, 철근을 분리하는 크

러셔 등 건설 및 해체 작업에 쓰는 장치로, 건설 중장비의 '손'으로 불린다. 종류는 100여 가지에 달한다. 건설 공정이 복잡다기해짐에 따라 중장비 업체들의 요구도 다양해져 어태치먼트 시장 또한 다방면으로 성장하고 있다. 자본금 5000만 원으로 시작한 대모엔지니어링은 25년이 흘러 매출 600억~700억 원을 꾸준히 올리는 건실한 기업으로 성장했다.

어려서부터 영업에 눈을 뜨다

그는 3남 6녀 9남매의 막내로 태어났다. 어렸을 때 그의 아버지는 식품사업을 해서 돈을 꽤 잘 벌었다고 한다. 하지만 잇따른 투자 실패와 사기를 당하면서 재산을 모두 날리고 말았다. 집안 형편이 갑자기 어려워지면서 1962년 청주 주성중학교에 합격했어도 등록금과 생활비를 걱정해야 했다. 사업가 기질을 타고난 것일까. 그는 나무로 구두통을 만들어 구두닦이를 해야겠다고 결심한 후 충북도청 앞으로 향했다. 어린 나이에도 그곳에 가면 구두를 신은 사람들이 많다는 것을 간파했던 것.

아들이 중학교를 포기할까봐, 아버지는 "남자가 중학교는 나와야 한다"며 다락방에 숨겨놨던 작은 땅문서를 그의 형에게 주면서 친척에게 가서 땅문서를 담보로 급전을 빌려오게 했다. 그 돈과 청주시에서 주는 장학금을 받아 일단 중학교를 무사히 다닐 수 있었다.

그래도 늘 책 값이 부족해 2학년 무렵 아르바이트를 찾으려고 신문을 뒤적거리던 중 진학사에서 발간하는 〈합격생〉이라는 진학정보지에 꽂혔다. 고등학교에 진학해야 하는 3학년 선배들을 상대로 이 정보지를 팔면 그야말로 장사가 잘 될 것 같은 생각이 들었기 때문이었다. 정보지의 내용을 미리 숙지하고, 쉬는 시간이나 점심시간을 활용해 판매에 나섰더니 신기하게도 팔리는 것이 아닌가. 나중에야 안 사실이지만, 전국에서 판매 2위를 했다고 한다. 일이 순조로울 때 조심하라는 말이 있듯이, 3학년 때 학생주임이 그를 불렀다.

학생주임: 너, 왜 잡상인 짓을 하고 그래?

이원해: 안 그랬는데요.

학생주임: 너, 책 팔러 다녔잖아.

이원해: 학생에게 필요한 걸 팔았는데, 뭐가 문젠가요?

학생주임: (호통치며) 교칙에 학생 간 물품판매는 금지돼 있어. 교내 매
　　　　　점에서만 팔게 돼 있다는 말이다. 네가 책을 팔고 다녀서 매
　　　　　점에 있는 책이 안 팔린다잖아.

이원해: 저, 학교 그만두겠습니다.

그의 강한 반발에 놀란 학생주임 선생님은 물론 매점 주인까지 오히려 그를 잘 다독여 학교를 그만두는 일은 벌어지지 않았지만 어린 자존심에 큰 상처를 주고 말았다. 지금도 이 일을 잊을 수 없다는 그는 "이때부터 영업에 눈을 뜬 것 같다"며 껄껄 웃는다.

영어 선생님이 맺어준 유한공고와 인연

그가 중학교 3학년 가을 무렵의 일이다. 영어 선생님이 새로 부임했는데, 유한공고에서 교생 실습을 마치고 첫 부임지로 주성중학교에 온 것. 그 영어 선생님은 수업시간에 종종 유일한 박사에 대한 이야기를 전했다.

"유일한 박사님이 돈을 사회에서 벌어서 다시 사회에 환원해야 한다고 해서 만든 학교가 하나 있는데, 그게 바로 유한공고야. 유박사님은 인재를 길러야 나라가 위험해지지 않는다고 믿으셨지. 너희가 앞으로 제대로 무엇인가를 배우려면 유한공고를 가라."

영어 선생님의 이 말을 자주 들은 그는 당시 국립인 철도고등학교로 진학할 생각이었으나, 유한공고로 방향을 틀었다. 그 선생님이 아니었다면, 굴착기 부착물을 만드는 인생이 아니라 전혀 다른 길을 갔을 수도 있다. 그런 측면에서 영어 선생님은 이원해와 유한공고의 연을 맺어준 셈이다.

유한공고 입학시험을 치르기 위해 3개월간 서울에 올라가 진학사에서 운영하는 독서실(종로 소재)에서 머물렀다. 진학사 정보지 판매 전국 2위를 한 덕에, 3개월 무료 이용의 혜택을 얻었다. 마침내 1972년 1월 합격했다. 누나들은 중학교 진학도 못한 상황에서 부모님에게 입학금을 달라고 할 용기가 나지 않았다. 무턱대고 중3 담임선생님을 찾아가 입학금을 빌려달라고 애원했다. 하지만 그 선생님도 자녀가 세 명이라 사정이 여의치 않았다. 이번에는 호랑이 교장 선생님 방에 들어가 사정을 말했다.

이원해: 유한공고는 입학만 하면 3년을 무상으로 다닐 수 있습니다. 입학금이 전혀 없어서 빌리러 왔습니다.

교장: 네가 50퍼센트를 만들어오면, 그럼 내가 50퍼센트를 빌려주마.

그는 막막했다. 도대체 50퍼센트를 어디서 빌린단 말인가. 이때 문득 자신이 진학사 장학생인데 한 번도 장학금을 받은 적은 없다는 사실이 떠올라 진학사 사장을 찾아가 입학금 일부를 장학금으로 달라는 요청을 했다. 한참을 기다린 끝에 50퍼센트의 돈을 받을 수 있었다. 이 돈을 들고 밤늦게 집에 온 아들을 본 어머니는 펑펑 울었다.

그는 다음 날 교장 선생님을 찾아가 50퍼센트의 돈을 보여주면서 마련해 왔다고 했다. 하루 만에 적지 않은 돈을 갖고 온 사실에 교장 선생님은 깜짝 놀라며 버럭 "돈이 어디서 생겼느냐"고 따져물었다. 어디서 훔쳐온 돈이 아닌가 의심하는 눈치였다. 그가 진학사에서 장학금으로 받았다는 설명을 들은 교장 선생님(고 이정근 선생님)은 바로 학생주임을 불러 "직접 유한공고에 가서 입학금을 내주고 오라"고 지시했다.

"고등학교 3년을 무료로 다닐 수 있었다는 사실을 평생 감사하게 생각하고 있습니다. 직접 유일한 박사를 만나보지는 못했지만 항상 그의 탄신일과 추모일에는 묘소에 가서 헌화하면서 숭고한 정신을 이어받아야 한다는 생각을 하게 됐습니다. 1981년 3월 지금의 숭실대 야간대학 전자공학과에 진학했을 때도 유 박사님이 그 어린 나이에 미국까지 가서 미시간 대학을 마쳤던 기억이 나서 공부를 열심히 했습니다."

정도 경영으로 위기를 넘기며 성장가도를 달리다

군 제대를 하고 무역회사에 입사해 대학생활도 병행하는 바쁜 나날에 들어갔다. 당시 유한양행과 관련한 책이 나와서 우연히 읽게 됐는데 어떤 과장이 이사직 명함을 파서 들고 다니면서 영업을 열심히 했고, 그만큼의 성과를 내 이사로 진급했다는 내용이었다. 유일한 박사가 사람의 능력을 본다는 스토리였다.

그래서 말단사원이던 이원해도 당시 일본에서 수입한 건설기계 영업을 하고 있던 차였는데, 기계를 제대로 설명해야 고장도 안 나는데 자신이 너무 젊어 보이니 과장을 시켜달라고 대표에게 말했다. 일단 OK 사인을 받아 입사 1년 정도에 과장을 달고 영업에 나섰다. 결국 성과가 좋게 나와 그는 봉급도 오르고, 과장 대우를 받게 됐다.

이제 그는 대모엔지니어링을 창업한 지 20년이 넘어가면서 약 70개국에 수출하는 튼실한 기업인으로 성장했다. 그 원동력에는 여러 가지가 있겠지만, 유일한 박사가 소중히 지켜낸 사업철학이 가장 중요한 배경으로 작용했다면서 한 일화를 소개했다.

"2000년대 초반쯤 중국 창저우 시에 법인을 설립했는데, 저도 그곳에 1년간 거주하면서 공장을 세웠습니다. 1년쯤 지나 중국 당국에 '세무 감사를 해달라'는 요청을 했습니다. 모두 유일한 박사님의 영향을 받은 것이죠. 그랬더니 중국 당국에서 깜짝 놀라는 겁니다. 처음에는 아예 무응답이더군요. 그리고 2년 만에 제가 한국에 들어와 중국 현지에 없을 때, 중국 세무당국에서 조사를 나온 겁니다. 결론은 물론 이상이 없었죠.

그리고 다시 5년 후 정기 세무조사를 받았는데, 문제가 하나 불거졌습니다. 과거 세무조사를 했을 당시와 달리 지금은 부가세 관리 규정이 바뀌어 수억 원 정도의 과태료를 물리겠다는 겁니다. 그래서 과거에 우리가 세무 감사를 자진 신청까지 했고, 당신들이 아무 이상이 없다고 하지 않았느냐고 따졌죠. 심지어 우리 중국 법인장은 며칠을 세무서로 출근해서 항의하고 정확한 경위를 설명해 달라고 요구했습니다. 결국 세무당국도 변경된 부분에 한해서만 세금을 내라고 해서 10분의 1 수준으로 경감을 받았습니다. 하마터면 중국 사업을 접을 뻔했습니다."

그는 신용, 정직, 성실, 자진 납세, 봉사로 요약되는 유일한 박사의 사업 원칙을 지키면서 사업을 한 덕분에 여러 위기를 넘길 수 있었다고 말한다. 특히 외부에서 대모엔지니어링을 보는 시각이 따뜻하다고 한다. 직원들이 회사에 대한 자부심을 갖는 효과도 크다.

"우리 회사, 우리 직원만 생각했었는데 앞으로 생각을 더 넓혀 협력회사들과도 끈끈한 정을 쌓으면서 챙길 생각입니다."

사실 그는 이미 대모혁신추진단 운동을 통해 2·3차 협력업체들의 혁신과 동반성장을 주도하는 중소기업인의 역할을 톡톡히 하고 있다. 또한 통상산업자원부와 상공회의소에서 주관하는 사업, 산업혁신운동 3.0을 제안하고 처음 실천한 사람이기도 하다.

기술은 영원히
세상의 근간이다

신하철

금성자동기계 대표

유일한 박사는 미국에서 거둔 큰 성공을 뒤로 하고 한국으로 돌아올 때, 두 가지를 놓고 고민했다. 바로 사업과 교육이었다. 그때 그는 사업을 먼저 택했다. 유한양행을 세우고 사회에 기여하는 큰 기업으로 만들어놓은 뒤 교육에 대한 자신의 뜻을 펼치기 시작했다. 그는 이 나라의 미래는 학생들의 몫이라 생각했다. 국가 발전의 기본은 '기술'에 있다는 믿음으로, 이 나라에 실질적으로 기여하는 일꾼을 키워보고 싶어 공업학교를 세웠다.

1964년, 유한공고가 개교했다. 초대 교장은 미국에서 사회복지학을 전공한 젊은 교육자 손종률이었다. 초기 입학생들에겐 유일한 박사가 개인 재산을 털어 장학생 대우를 해주었다. 성적은 우수하지만 가난해서 상급학교에 진학하지 못하는 학생들을 훌륭한 인재로 키우는 게 그의 마지막 꿈이었다.

1964년, 유한공고가 개교한 첫해에 입학한 신하철 대표. 기계과를 졸업하고 칠순이 다 된 현재까지도 공장에서 자동화기계 부품을 생산하며, 유한공고 설립 당시의 정신을 그대로 실천하며 살아가는 인물이다.

그가 유한공고에 입학한 그해, 58명의 입학생은 대방동에서 수업을 받는 학교가 이전할 부천에 가서 공사와 관련된 갖가지 일도 했다. 신 대표는 이 일을 고된 노동으로 기억하지 않았다. 당시 학교에서 배운 공부가 머릿속에서만 맴돌고 있었는데 그 일을 통해 기술이 두 손에 딱 붙는 진짜 공부를 한 것이었다고 말했다.

유한공고 졸업생은 최고의 인재다

1회 입학생들을 위한 교과과정은 유일한 박사의 학교 설립 취지와 가장 맞닿아 있었다. 공부는 철저히 기술 실습 위주였다. 교사와 학생이 1대1로 붙어 실습을 했고, 실습한 기술을 바탕으로 제품을 생산하기도 했다. 기계과에서는 제품을 만들어 미군부대에 납품해서 돈을 벌기도 하고, 건축과에서는 의자와 책상을 만들어 교실에서 직접 사용하기도 했다. 의자를 만들어 납품해서 수익을 내기도 했는데, 지금은 사라졌지만 예전에 병원에 가면 유한양행이라 적힌 긴 나무 의자가 있었다. 그 의자는 거의 다 유한공고 학생들의 작품이었다.

이렇게 3년 내내 실습을 제대로 한 학생들은 졸업 후 취업하고 나면, 곧바로 일에 투입될 수 있었다. 취업한 후에도 다른 학교 출신들보다는 확연히 일을 잘했고 여러모로 뛰어났다. 무엇보다 일하는 자세가 남달랐다. 늘 앞서나갔고 부지런했다.

신 대표는 졸업 후 삼일공업사라는 회사에 취업했다. 그는 유한공고 1회 졸업생임을 잊지 않고 학교에서 배운 기술과 성실하고 정직한 태도를 유감없이 발휘했다. 다른 학교 출신들이 그저 되는 대로 일하면서 소극적으로 회사생활을 했다면, 그는 최고의 일꾼으로 선배와 상사로부터 인정받기 위해 온갖 정성을 다 쏟았다.

"페인트칠을 할 때 '빠데'라고 바르는 게 있었는데, 연탄을 갈아 놓은 게 필요했어요. 보통은 공장에 있는 연탄만 가져와서 갈아 썼는데 저는 온 동네를 돌아다니며 연탄을 다 가져다가 갈았어요. 그럼 선배들이 저를 기특하게 여기면서 일도 좀 더 많이 줬고, 제가 그걸 척척 해내는 걸 보고서는 더 비싸고 좋은 기계를 만져보게 해주고 새로운 기술을 배울 기회도 주었죠."

1년쯤 근무를 하고 나자, 후배들이 졸업할 때쯤 되었다. 이제 삼일공업사 대표는 유한공고 출신이라면 무조건 뽑고 싶다고 했다. 그렇게 인정을 받고 일하던 중 그는 군대에 갔다. 제대 후에는 지금은 없어진 동양엘리베이터에 입사해서 대구 구미공단, 성서공단 등에서 엘리베이터 공사를 했다. 전주전매청 엘리베이터 공사도 했다. 당시만 해도 마차가 화물을 옮기던 시절이었기에 엘리베이터는 화물을 실은 마차가 탈 정도로 커야 했다. 그는 그 작업에서도 솜씨 좋은 최고의 일꾼이었다. 남산타워 엘리베이터 공사를 마지막으로 퇴사한 후 아버지가 운영하는 사업체로 옮겨갔다.

산업의 근간은 기술이고, 우리가 최고의 기술자다

당시 아버지는 원효로에서 부품 장사를 하고 있었는데, 그 부품을 만드는 일을 신 대표가 하기 시작했다. 처음에는 부품만 만들었는데 1970년대 산업화의 영향으로 여기저기에서 서로 기계를 만들어달라고 요청해왔다. 그 주문을 조금씩 소화해나가면서 금성기계라는 회사를 차리게 되었다. 얼마 가지 않아 '저 집에 가면 못 만드는 기계가 없다'는 소문이 자자해졌다. 사업 초기에 만든 것은 가스레인지의 손잡이, 전자레인지의 타이머, VCR의 샤프트, 텔레비전의 각종 부품을 만드는 기계들이었다. 이러한 기계는 주로 큰 회사로부터 하청 받은 공장에서 부품을 만들 때 사용하는 것들이었다.

금성기계는 물밀 듯 들어오는 주문에 밤낮으로 기계를 돌려 제품을 팔았다. 회사는 금세 커졌다. 당시 이런 기계회사로 시작해서 큰 회사로부터 직접 하청을 받아 성장한 곳도 여러 곳이 있었고, 부자가 된 사장도 많았다. 하지만 금성기계는 오로지 하청업체가 주문하는 기계를 만들어주는 일에만 집중했다.

"잠시 잠깐 나도 돈 되는 일을 해볼까 하는 마음이 들기도 했습니다. 하지만, 기계를 만드는 그 쾌감을 도저히 포기할 수 없었어요. 자동 혹은 반자동으로 기계를 만들고, 그 기계에서 정확히 부품이 만들어져 나올 때의 그 짜릿함은 돈으로 바꿀 수 없는 희열 같은 걸 느끼게 했어요. 돈을 수십 배, 수백 배 더 번다고 해도 손에서 기계를 놓기 싫었어요."

그런데 요즘은 이런 작은 규모의 자동화기계 회사를 해서는 큰 돈을 벌 수 없다 보니 국내 회사들은 점점 문을 닫고 있는 추세다. 대부분 중국에서 수입한 기계를 쓰다 보니 더 이상 기술 개발도 하지 않게 돼 국내산 기계의 품질은 더 떨어지고 있다.

"아무리 최첨단 제품이라고 해도 그것이 완성되기 위해서는 무수히 많은 기초부품들이 필요합니다. 기초부품의 퀄리티가 좋아야 최종 제품의 퀄리티에도 문제가 없어요. 그리고 기초부품을 만드는 회사가 탄탄히 자리 잡고 있어야 산업 전반의 생태계가 건강해집니다. 우리는 그 기초부품을 만드는 회사에 고성능·고효율의 제품을 만들어주면서 이 산업을 지탱하는 데 한몫을 하고 있다고 자부합니다."

몇 년 전에 고성능 최첨단 제품으로 통했던 기계도 지금은 평범한 기계로 전락할 정도로 기술의 발전이 빠른 게 바로 이 업계다. 그래서 잠시도 긴장을 끈을 늦출 수가 없다. 끊임없이 연구하고 궁리하고 테스트해야 한다. 기계는 365일, 24시간 문제없이 돌아가야 하고 매순간 만들어진 제품의 퀄리티는 동일해야 한다. 그러기 위해서는 기계를 만들 때 그동안 쌓아온 기술력과 노하우를 응집하고, 끈질기게 테스트에 테스트를 거듭해야 한다.

금성기계 제품은 이런 근간으로 만들어졌기 때문에 업계에서 '확실하다'는 평판을 받고 있는 것이다. 현재는 국내에서 뿐만 아니라 중국과 인도네시아에까지 수출을 하고 있다. 금성기계에는 영업부도 없고 홈페이지도 없다. 기술과 신뢰가 영업의 시작이자 끝인 셈이다.

"지금도 기계를 만들고 나면 짜릿함을 느낍니다. 그리고 산업의 기초를 떠받치고 있다는 사명감도 갖고 있습니다. 학창 시절 유일한 박사님이 늘 '이 나라 발전의 근간은 기술에 있고, 너희들이 그 일꾼이 되어야 한다'는 말씀을 하셨어요. 저뿐만 아니라 졸업생들 모두 지금껏 그 말씀대로 각자 제자리에서 최선을 다하고 있을 겁니다."

오늘날은 최첨단 IT기술이 날마다 새로운 세상을 만들어내고 있으며, 산업은 더욱더 고도화되고 있다. 그런데 이러한 시대에 다시 주목받는 사람들이 있다. 바로 장인(匠人)이다. 자신의 전 생애를 통해 한 가지 기술을 연마하면서 그 일에 정통하려는 그들의 철저한 직업정신은 새로운 화두가 되고 있다. 자신의 일에 전력을 다해 몰두하면서 남다른 사명의식까지 갖고 있기 때문이다. 신 대표가 바로 그 장인이다.

내가 유일한에게 물려받은
기업가정신

서성기

테라셈 대표

"유한양행이 오늘날 이렇게 발전하기까지는 여러분들의 희생과 동포들의 도움이 있었기 때문입니다. 나는 이 자리에서 오랫동안 생각해왔던 계획 하나를 발표하고자 합니다. 유한양행을 주식회사로 바꾸겠습니다."

1936년 6월 20일, '주식회사 유한양행'이 태어났다. 이날 창립 주주총회가 열렸다. 유일한 박사는 창업 때부터 생사고락을 같이한 전항섭, 예동식 등에게 주식을 나눠주었고, 나머지 주식은 공로에 따라 직원들에게도 일정 비율로 분배했다. 유한양행 주식을 가진 사람은 서울뿐 아니라 평양, 청진, 광주 등 전국적으로 퍼져 있었다. 또 중국, 대만 등지에도 주주가 있었다. 말 그대로 국제적인 회사로 발돋움한 것이다.

'이제 난 영원히 내 조국으로 돌아간다. 굶주리며 병마에 시달리는 내 동포들 곁으로 돌아간다.' 미국에서 스물아홉 살의 나이로, 우리나라 최초의 백만장자가 된 유일한 박사는 비장한 결심을 했다. 라초이 식품회사를 정리하고 손에 쥔 돈으로 그는 의약품사업을 하기로 결심하고 유한양행을 설립한 것이다. 질병에 시달리는 우리 동포를 구하고 경제를 일으키기 위함이었다.

유한양행은 암울한 조국의 현실과 척박한 시대환경 속에서도 올곧은 설립정신을 지켜나가며 선진화된 기업문화를 확립한 민족기업이다. 유일한 박사는 이런 회사를 글로벌 기업으로 성장시켰다. 한국 최초의 합작회사를 설립하고 사원을 주주화했으며, 2대 세습을 반대하고 전문경영인제 등을 도입한 것이다. 그 기업가 정신은 후학들에게도 고스란히 전해졌다.

테라섬 서성기 대표 역시 유 박사의 뜻을 받들어 존경받는 사업가가 된 인물이다. 그는 유한공고 4회 졸업생 중 전교 1등으로 졸업해서 유일한 박사로부터 설립자상을 받은 유한공고의 기대주 출신이기도 하다.

다양한 능력을 가진 사람들이 모여야 시너지를 낼 수 있다

그는 임진강 북쪽 비무장지대 근처 출신으로, 호적초본을 떼러갈 수가 없어 상급학교 진학조차 여의치가 않았다. 중학교를 졸업할 무렵, 한 친구의 권유로 유한공고를 알게 되었다. 집에서 30분을 걸어 나가서 버스를 타고 서울역까지 가서 다시 기차를 타고 부천에 있는 학교까지 가는 데 2시간 30분이나 걸렸다. 장마 때는 늘 물에 잠기는 동네에 사는 탓에 비만 오면 신발과 바지가 모두 젖는 건 다반사였다. 하지만 그는 그렇게라도 학교를 다닐 수 있다는 것에 감사했다. 3년 내내 개근했고 전교 1등으로 졸업했다.

졸업한 친구들은 인문계 공부를 더 해서 대학에 가기도 했지만, 서 대표는 자신만의 길을 찾아 나섰다. 젊어서 고생은 사서도 한다는 말을 믿고, 일단 현장에서 발로 뛰며 일을 해보기로 결심했다.

첫 직장은 신도림역에 있는 대한중기라는 기계공장이었다. 이 회사는 사무직 직원도 여러 명 있는 제법 큰 곳이었다. 당연히 사무식과 생산직 직원에 대한 대우가 달랐다. 당시는 '공원, 공돌이'라는 말도 흔하게 쓰이던 때였다. 생산직 직원들은 시커먼 옷을 입고 기름 묻은 손으로 일을 했고, 밥을 먹으러 가도 사무직들과는 별도의 식당에서 먹었다. 서 대표는 군대를 다녀와서 공부를 해야겠다는 결심을 했다.

하지만 군복무 중 아버지가 돌아가셔서 현실은 여의치 않았다. 계속 일을 해서 돈을 벌어야 하는 형편이었다. 그래서 다시 취직했다. 1975년에 삼성반도체의 전신인 한국반도체에 고졸 5급 사원으로 입사했다. 여느 유한공고 출신들과 다름없이 그도 일을 야무지게 잘했다. 3년 만에 3급 사원, 즉 4년제 대학을 졸업한 사람과 동일한 직급의 사원이 되었다. 업무로는 오히려 그들을 앞섰다. 하지만 아무래도 조직 내에 만연한 공고 출신에 대한 인식을 경험하면서 불편한 기분을 떨칠 수가 없었다. 다시 공부를 시작해볼 생각도 했지만 결국 그는 온 정신과 능력을 집중해서 사업을 해보기로 결심했다.

서 대표는 1984년에 우리나라 최초로 미국 회사인 한국베리안과 합작해 반도체 장비회사를 세웠다. 정부 부처 어느 누구의 도움도 받지 않고 혼자 발품 팔아 다녔고, 대기업 사장들로부터 추천서도 받았다. 그렇게 해서 반도체 장비회사 IPS를 설립했다.

회사는 거침없이 뻗어나갔다. 대기업과 협력관계를 맺고 신뢰와 품질도 인정받아서 큰 성공을 거두었다. 삼성, LG, 현대, 대우 등이 모두 서 대표 회사와 협력관계였다. 1990년대 중반에 이르러서는 직원 300명의 큰 회사로 성장했고 연매출은 1000억 원을 기록했다.

사업자로서 서 대표는 유한인답게 정직하고 성실했다. 사업이란 게 결국 고객이 필요한 것을 빠르고, 저렴하게, 정확하게 만들어 공급하는 것이라고 생각한 그는 개발, 생산, 판매 이 3박자의 균형을 맞추기 위해 노력했다. 또한 직원을 채용할 때는 다양성을 중시해서 학벌 좋은 똑똑한 사람만을 뽑으려 하지 않았다. 학력과 성격 그리고 출신 배경 등이 모두 다른 다양한 직원들이 회사를 위해 노력해주길 바랐다.

이처럼 다양한 방면의 재능을 가진 인재들이 있으니 시장을 바라보는 관점도 천편일률적이지 않았고, 문제를 해결할 때도 다른 접근 방법을 생각해내게 되었다. 서 대표는 오늘날 기업들이 추구하는 다양성의 진가를 일찌감치 알고 있었던 것이다.

"저는 직원들이 회사의 주인이라고 믿습니다. 그래서 직원들에게 주식을 골고루 나누어줬습니다. 그중에서 주식으로 부자가 된 직원들도 여럿 있습니다. 또 직원들이 공부할 수 있도록 지원해줬습니다. 제 아들이 미국에서 반도체 공부를 하고 있어요. 하지만 우리 회사로는 들어오지 말라고 할 생각입니다. 주변을 보면 전공이 음악, 미술인 자식들을 회사로 불러들여 다른 직원들을 불편하게 하는 사람들이 많습니다. 저는 그렇게 하지 않을 생각입니다."

그는 유일한 박사의 기업가 정신을 고스란히 계승해서 실천하고 있었다. 사업가로서의 발군의 역량은 세계적으로도 인정받아, 전 세계 2500개 회원사가 가입되어 있는 세계 반도체장비재료협회 (SEMI) 회장을 역임하기도 했다.

삼성만 보지 말고, 뽀로로와 K팝의 성공을 보고 배우라

1998년까지 회사는 성장세를 지속해나갔고, 서 대표는 반도체 분야에서 국제적인 인물로 알려져 외국 회사가 국내 시장을 조사하러 오면 맨 처음 그를 찾아올 정도로 중요 인물로 인정받고 있었다. 하지만 그에게도 위기는 찾아왔다. 100억 원을 들여 새 설비를 만들어놓자마자, 대기업에서 잇따라 협력관계를 끊었다. 그의 회사가 이제는 대기업을 위협하는 존재가 되었다는 방증이었다.

그렇다면 100억 원을 투자해 새로 만들어놓은 설비는 어떻게 되었을까? 대기업 한 곳이 고철값은 쳐주겠으니 팔라고 했다. 그는 울분을 참을 수 없었다. 당시 스트레스가 너무 심해서 자고 일어나면 침대 위 이불이 땀에 흥건하게 젖어 있을 정도였다. 새 설비를 파는 대신 회사를 다른 사람에게 넘기기로 결심했다. 하지만 인수가격을 원하는 만큼 받지 못했던 그는 몇 년 만에 집까지 다 넘어갔고 빚더미에 올라앉게 되었다.

그 후 벤처캐피털을 운영하다 자신이 투자에 관여하던 테라섬의 경영을 맡게 되었다. 대기업 위주의 기업환경에서 창업을 해서 성공도 해보고 배신도 당해본 서 대표. 그는 벤처회사에 투자를 하다 직접 경영해보면서 많은 것을 깨달았다.

"우리나라 산업은 지나치게 대기업 위주로 왜곡되어 있습니다. 산업계도 그렇고 사람 인식도 그렇습니다. 몇 군데 대기업이 산업을 장악하고, 젊은 인재들도 그 체제를 그대로 받아들이고 오히려 더 떠받들고 있지요. 사람들의 머릿속에 있는 기업의 수가 몇 군데 안 돼요. 그러니 그들의 독점은 날로 더 심해지고 있습니다. 바로 그 점 때문에 우리나라에서는 작지만 새롭고 혁신적인 기업이 많이 등장하지 못하고 있어요."

젊은 사람들조차 이건희 같은 사람만 쳐다보며 나는 죽었다 깨어나도 저렇게 못 되겠지 하는 패배의식에 사로잡혀 있는 게 안타깝다고 했다.

"왜 그렇게 다들 큰 것만 바라보는지 모르겠어요. 시장은 무궁무진합니다. 작고 알찬 기업이 얼마나 많은지 몰라요. 저는 실리콘밸리를 자주 오가면서 매일매일 새로운 스타트업이 혁신적인 제품을 들고 나오는 걸 유심히 봅니다. 그들은 작고 허름한 작업실에서 끊임없이 새로운 것을 상상하고 구상합니다. 실패를 두려워하지 않고 도전하고 만들어봅니다. 그런 문화 속에서 스티브 잡스도, 마크 저커버그도 나온 거예요.

나는 우리나라 젊은이들이 내 옆에 있는 스펙 좋은 사람을 부러워하고 따라가지 못해 전전긍긍할 게 아니라 실리콘밸리의 젊은이들을 보고 배웠으면 좋겠어요. 물론 나라에서도 기술을 팔고 회사를 파는 것에 제약이 없도록 각종 정책을 만들어 창업 생태계의 선순환 구조를 만드는 데 앞장서야 합니다.”

그는 뽀로로나 K팝의 국제적인 성공을 보라고 했다. 10년 전만 해도 상상도 할 수 없는 일이 벌어지고 있다는 것이다. 나의 재능과 열정을 세상에 펼쳐 보일 기회가 그 어느 때보다 많아졌다. 또한 그는 정치적인 앙금이 남아 있는 국가에 진출할 때도 삼성처럼 국가 대표 기업의 이미지가 강한 대기업보다는, 기술력으로 승부하는 작은 회사가 유리하다고 말한다.

유일한 박사는 일제 강점기 하에 미국계 한국인으로 기업을 성장시키고 만주까지 진출해 큰돈을 벌었다. 그것을 탐탁지 않게 여긴 일본으로부터 갖은 고초를 겪어야만 했다. 그래서 몇 년 동안 회사를 떠나 미국에 가 있기도 했다. 하지만 혹독한 수난시대에도 유한양행의 경영 신념, 조국의 경제를 발전시키겠다는 사명, 직원과 조국의 많은 사람들과 이익을 나누겠다는 정신만큼은 변함없었다.

서 대표도 유 박사의 정신을 이어받아, 기업을 경영하는 데 있어 성실과 정직 그리고 기술력과 나눔을 생명처럼 여기고 있다. 수십 년 전 유한공고 졸업식에서 유일한 박사로부터 받은 건 공부를 잘 해서 받은 상뿐만이 아니었다. 그는 유 박사의 기업가 정신까지 물려받은 것이다.

정직하게 살면 손해볼 것 같죠?
아닙니다

유태승

㈜휘일 대표

"우리 결혼한 뒤 한국으로 갑시다."
"아니 지금 뭐라고 하셨어요? 한국으로 가자고요?"
예상대로 호미리는 펄쩍 뛰었다. 미국에서 의사로 일하고 있는 중국 출신의 엘리
트 여성 호미리는 유일한의 애인이었다.
"미스터 유, 생각해보세요. 당신은 미국에서 사업가로 성공했어요. 조금만 더 노력
하면 더 번창할 수 있어요. 그런데 이 모든 걸 내팽개치고 헐벗고 굶주린 한국으로
돌아가겠다고요?"
호미리뿐만 아니라 그녀의 아버지까지 나서서 유일한을 말렸다.
"걱정하지 마십시오. 절대 따님을 고생시키지 않겠습니다. 허락해주십시오."
유일한의 인품과 고집을 잘 아는 호미리는 그의 뜻에 따르기로 했고, 그녀의 가족
도 유일한과의 결혼을 승낙했다.
"당신은 참 알 수 없는 사람이에요. 스스로 불씨를 안고 화약창고에 뛰어드는 것 같
으니…. 하지만 저도 결심했어요. 당신의 뜻에 따르겠어요."
그들은 결혼식을 올렸고 한국으로 왔다.

오늘날과 같이 경쟁이 치열한 비즈니스 환경에서 '절대강자'가 존재하기란 쉽지 않다. 하지만 절대강자라는 표현도 부족할 정도로 강한 기업이 있다. 바로 유한공고 출신 유태승 사장이 이끄는 ㈜휘일이다. 차량 에어컨 부품인 페럴(ferrule)과 머플러(muffler)를 생산해서 국내 자동차 기업에 거의 독점적으로 공급하고 있는 이 회사는 해당 부품의 세계시장 점유율도 무려 30퍼센트에 이른다.

자동차 부품 분야에서 가장 기술력이 뛰어난 유럽 자동차 공장에서도 휘일의 제품을 사기 위해 충남 아산까지 찾아올 정도다. 휘일이 이처럼 독보적인 경쟁력을 갖고 성공할 수 있었던 것은 유 사장의 기술에 대한 열정과 뚝심 때문이다. 그리고 그 성공의 밑거름에도 유한공고의 정신이 깃들어 있었다.

말 한마디로 공장을 인수한 자신감

"살다 보면 시련은 언제든 찾아옵니다. 사업하다 망했다고, '나는 이제 망했구나' 하고 주저앉으면 진짜 그대로 망하는 거예요. 낭떠러지로 떨어져도 나뭇가지에 걸려 살아나는 게 인생입니다. 기회는 언제든지 있고, 또 없으면 만들어내면 됩니다. 그리고 큰 성공과 부자는 '큰 머리'로 됩니다. 절대 잔머리로는 안 돼요. 정직하게 살고 성실하게 일하면 잔머리 쓸 일도 별로 없습니다."

부천시 계수동에서 농군의 아들로 태어난 그는 머리가 좋아서 초등학교 6년 내내 우등상을 놓치지 않았고 중학교에서도 늘 선두권 성적을 유지했다. 하지만 가난한 살림에다 7남매 중 셋째로 태어난 그가 고등학교에 진학하기란 쉽지 않았다. 그렇다고 학업을 포기할 수는 없었다. 유 대표도 유한공고를 선택했다.

지독하리만치 엄격한 수업과 실습을 거쳐 3학년 2학기 때 현장실습을 나갔다. 그는 문래동에 있는 노루표페인트로 나갔는데 그때, 이대로 취직해서는 안 되겠다는 생각을 하고 좀 더 공부를 하기로 결심했다. 졸업하자마자 서울시립대에 입학했다. 고학생의 대학생활은 여전히 고달팠다. 학비가 없어 몇 번이나 휴학을 했고, 학업 도중에 아버지의 농사를 도와드리기 위해 여러 번 집으로 내려가야만 했다.

대학 졸업 후에는 완구를 만드는 회사에서 4년 동안 일했다. 그역시 유한공고 졸업생답게 누가 봐도 성실하고 정직한 직원이었다. 그런데 회사 사정이 점점 나빠지더니 급기야 석 달 치 월급을 못 받는 답답한 상황에까지 왔다.

하지만 위기상황에서 그는 오히려 천금 같은 기회를 얻게 되었다. 스프링을 납품하던 회사 사장이 운영이 힘들다며 완구회사 사장에게 자신의 회사를 좀 팔아달라고 부탁한 것이었다. 그때 부품회사 사장의 이야기를 들은 그는 기지를 발휘했다.

"사장님, 저한테 파세요. 제가 지금은 돈이 없으니 외상으로 좀주세요. 돈은 벌어서 갚겠습니다. 돈을 벌지 못하면 운전을 해서라도 갚겠습니다."

매물로 내놓은 공장의 금액은 2600만 원이었다. 지금으로 치면 5억~6억 원 정도에 이르는 상당한 금액이었다. 당시 유 대표의 일당은 고작 1600원이었다. 하지만 몇 개월이 흐른 후, 유 대표는 계약금도 없이 영등포동에 있던 그 부품회사를 인수했다. 당시 그에게 공장을 외상으로 넘긴 사장은 이 한 마디만을 했다.

"그래, 자네라면 꼭 돈을 갚을 것 같네. 열심히 해보게나."

회사를 인수한 지 4년 만에 인수대금을 다 갚았다. 주변 사람들이 혀를 내두를 정도로 정말 열심히 일했다. 주문 물량이 늘어나자 50평 임대공장으로는 부족했다. 1989년도에 부천으로 옮기면서 임대공장 면적을 100평으로 늘렸다. 1992년도에는 500평 규모의 공장을 사서 시화공단으로 이전했다. 승승장구하던 시절이었다.

그는 생산에서 배달까지 전 과정에서 특유의 성실성을 발휘했다. 일일이 발품을 팔며 영업을 해서 입지를 다졌다. 이렇게 거래처를 하나씩 늘려가던 유 대표에게 또 한 번의 기회가 찾아왔다. 1988년, 프로그레시브 금형을 잘 만든다는 소문을 듣고 찾아온 한 대기업 간부로부터 차량용 에어컨에 들어가는 카플링을 만들어달라는 제안을 받은 것이다. 유 대표는 당시 자동차 에어컨 시장이 막 태동기여서 물량과 납품 단가 등을 고려해볼 때 과연 승산이 있을까 고민을 많이 했다. 그러다가 다시 한번 도전해보자는 각오로 제품 생산에 들어갔다.

시련이 찾아오다

그런데 1990년대 들어서자 대기업들이 중국 등지에서 부품을 들여오면서 국내 부품회사들에게 제품 단가를 낮추라는 요구를 해오기 시작했다. 기존의 생산방식이나 생산성으로는 도저히 맞추기 어려운 요구였다. 그러던 중 큰 시련이 찾아왔다. 지인의 요청으로 발행했던 어음이 부도가 나면서 한순간에 망하게 된 것이다.

"당시 9년 동안 정말 힘들었습니다. 겨울에 방에 물을 떠놓고 자고 일어나면 물이 꽁꽁 얼 정도로 형편없는 집을 전전했습니다. 아이들이 중·고등학교 다닐 때였지요. 하지만 지나고 보니, 왜 젊어서 고생은 사서도 하라는 말을 하는지 알 것 같습니다. 그때 배운 게 무척 많습니다. 내가 잘될 때는 곁에 있다가 잘 안 되니 나를 버리는 친구도 있고, 평소에는 연락도 뜸했지만 힘들다 하니 선뜻 도와주는 지인도 있었습니다. 언젠가 친한 친구에게 전화했더니 회의 중이라며 나중에 다시 하겠다고 끊더니 그 후론 전혀 연락이 없었어요. 그러다가 3년쯤 후 제가 다시 일어서자 그때서야 다시 전화를 하더군요. '너, 회의 한번 참 길게 했다'라고 말했어요. 그때 도움을 주신 분들께는 지금까지도 감사한 마음을 간직하고 있습니다."

유 대표는 지인의 도움으로 13억 원을 대출받아 공장을 되찾았다. 1996년도였다. 스프링과 TV에 들어가는 '코드릴'을 생산하며 8년여 동안 치열하게 살았다. 2004년, 50대 중반의 나이에 이르러 그 빚을 다 갚았다.

그 무렵 그에게는 좋은 아이디어 하나가 있었다. 페럴 부품의 공정을 획기적으로 줄일 수 있는 방법이었다. 하지만 두 번에 걸쳐 개발을 시도했지만 안타깝게도 실패를 거듭해 자금이 바닥나 더 이상 개발에 투자할 여력이 없었다.

유 대표는 당시 아내에게 두 가지 안을 말하며 선택하게 했다. 그때 그는 무조건 아내의 선택에 따를 생각이었다. 1안은 공장을 임대 놓고 임대료를 받아 여생을 사는 것이었다. 그의 나이 50대 중반인 것을 감안하면 나쁘지 않은 결정이다. 2안은 시화공단에 있는 공장을 팔고 땅값이 싼 곳에다 공장을 짓고 다시 한 번 더 도전을 하는 것이었다. 성공을 장담할 수 없는 상황이었다.

"그때 아내가 10분 만에 저한테 말하더군요. '다시 도전하라'고요. 그 한마디가 사업가로서 제 인생을 바꿔놓았습니다."

"성실하고 정직하게 살면 손해볼 것 같죠? 아닙니다"

그는 심기일전해서 공장을 옮기고는 필사적으로 기술 개발에 몰입했다. 마침내 성공했다. 기존 10단계 공정을 2단계로 줄이는 획기적인 기술이었다. 주문을 감당할 수 없어서 공장 기계를 24시간 내내 돌렸다. 얼마 후 그는 머플러 부품의 공정도 기존 16단계에서 3단계로 줄이는 혁신에 성공했다.

"한마디로 중국산보다 저렴하고 일본·유럽산보다 고품질입니다."

국내시장도 3년 만에 평정했다. 국내 자동차 기업에 독점 공급하기 시작하면서 세계시장 점유율도 30퍼센트에 이르게 되었다. 획기적인 프로세스 개선으로 품질은 물론 가격 경쟁력도 갖춰 명실공히 세계적 기업으로 발돋움한 것이다. 남들보다는 다소 늦은 성공이었지만 그 과정에서 그는 성실하고 정직하게 최선을 다하는 삶의 의미를 깨달았다.

"성실하고 정직하게 살면서 하나하나 해나가세요. 그러면서 그릇을 키우세요. 그런 다음 성공해야 진짜입니다. 작은 컵에 물이 넘칠 정도로 많이 있다고 생각해보세요. 누가 봐도 불안불안하고 살짝만 손을 대도 물이 넘치고 맙니다. 큰 그릇에 물이 조금 부족할 만큼 있는 게 가장 안정적이고 아름다워요. 먼저 그릇을 키우세요. 그리고 돈이 얼마나 소중한지, 지키기가 얼마나 어려운지 다 배운 다음, 그 다음에 성공하세요. 그릇도 작으면서 큰돈 벌려고 조바심 내면 안 됩니다. 그런 사람에게는 돈이 오지도 않아요. 설사 온다고 해도 그걸 지켜낼 수가 없습니다."

그는 평소에 복을 많이 짓는 사람이다. 진정한 성공은 혼자만의 능력으로 이룰 수 있는 게 아님을 누구보다 잘 알기 때문이다.

"첫 회사에서 마지막 석 달 동안은 월급을 못 받았지만 지금도 그 사장님을 참 존경합니다. 저한테 '복을 지어라'라는 말씀을 자주 해주셨거든요. 지금까지 그 말을 명심하고 삽니다. 평소에 복을 받을 행동을 해야 합니다. 성실하고 정직하게 살면 손해볼 것 같죠? 아닙니다. 사기꾼 중에 부자 되는 사람 있습니까. 없습니다. 복을 짓지 않았기 때문이지요. 바라지 않고 도와주고, 만나는 사람마다 다 잘되기를 바라는 착한 마음으로 살면 주변 사람들이 저를 그렇게 도와줍니다."

그는 인생이든 사업이든 저 혼자만 잘해서는 성공하기 어렵다고 말한다. 휘일이 어려울 때 묵묵히 일해준 사원들, 시화공단에서 공장을 분양받을 때 계약금도 없어 쩔쩔매는데 주저 없이 거금을 도와준 후배, 기계 살 돈이 없어 발을 동동 구르고 있을 때 제 일처럼 도와준 기술신용보증기금의 담당자들을 비롯해서 지금까지 도움을 준 사람들을 모두 기억하면서 고마워했다.

사업가로서 수많은 시련을 겪은 후, 세계를 놀라게 한 기술을 내놓은 유 대표. 그는 스스로 세운 인생철학 5계명을 늘 되새김질한다. 첫째, 복을 지어라. 둘째, 창조적으로 생각하라. 셋째, 정직하고 성실하게 살면서 배려하라. 넷째, 신뢰를 얻어라. 다섯째, 기다려라. 이 5계명은 새로운 도전을 서슴지 않고 일을 도모할 때는 사적인 이익보다는 공익과 대의를 우선시하는 유일한 박사의 성공철학과도 맞닿아 있다. 유 대표 역시 유한의 자랑스러운 아들인 것이다.

유일한 박사의
기업가정신 2

++

기업의 기능에는

유능하고 유익한 인재를 양성하는 교육까지

포함되어 있어야 한다.

기업의 소유주는 사회다.

단지 그 관리를 개인이 할 뿐이다.

기업과 개인적 정실(情實 - 비록 그것이 가족의 경우라도)은

엄격히 구별되어야 한다. 그것은 기업을 키우는 지름길이요,

또한 기업을 보존하는 길이기도 하다.

기업은 물건으로 성장하는 것이 아니다.

아이디어, 이것이 기업에 성장을 가져오게 하는 것이다.

기업에 종사하는 모든 사람은

기업 활동을 통한 하나의 공동운명체다.

기술자가 되려면

자기가 하는 일에 흥미를 가져야 한다.

그리고 열심히, 또 정확히 하여야 한다.

정직(正直) - 이것이 유한(柳韓)의 영원한 전통이 되어야 한다.

기업을 해서 아무리 큰 부(富)를 축적했다 할지라도

죽음이 임박한, 하얀 시트에 누운 자의 손에는

한 푼의 돈도 쥐어져 있지 아니하는 법이다.

삼성에서도 빛난
유일한의 정신

유병률

전 삼성SDI 전무

"버들표는 믿을 수 있다."
1960년대 유한양행은 착실하게 성장 발판을 마련해나가고 있었다. 그 무렵 '메사
돈'이라는 마약 성분을 지닌 약이 전국적으로 유행하다가 그 정체가 밝혀져 온 나
라가 떠들썩했다. 대부분의 제약회사들이 줄줄이 조사를 받고 이 사건에 연루되어
있었으나 유한양행만은 무관했다. 이후 유한양행은 국민들로부터 "버들표는 믿을
수 있다"라는 확고한 신뢰를 얻게 되었다.

유한공고 졸업생 중에는 기업인들이 많다. 창업해서 성공한 1세대 사업가들도 있지만 유병률 사장처럼 대기업 임원 출신의 경영자도 있다. 편안하고 소탈한 첫인상과는 달리 긍정적인 말 한마디, 한마디 속에 심상치 않은 내공이 느껴졌던 유 사장은 삼성전자에서 33년간 일하는 동안 전무 자리까지 올랐으며 현재는 이랜텍에 사장으로 재직 중이다.

팔로워에서 리더로, 초일류가 되기까지 33년

충청남도 서산 출신인 유 사장도 가난한 집안에서 태어난 똑똑한 아들이었다. 중학교 3학년이 되자 진로를 고민하게 되었는데 서울에서 학교를 다니고 있던 형님이 유한공고를 추천했다. 전액 장학금을 주는 데다 당시 국가에서 기술을 장려하고 기술 인력을 양성하고 있으니 졸업하면 취업은 문제없을 거란 이유에서였다.

중학교 때 늘 1~2등만 했던 그는 어렵지 않게 합격했다. 천성적으로 이과 체질이었기에 적성에도 맞았다. 학년이 올라갈수록 좀더 공부를 하고 싶은 마음이 생겨났다. 하지만 유한공고는 철저히 기술 인력을 키워내는 곳이니만큼 대학 입학을 위한 공부는 독학으로 해야 했다. 그야말로 '죽자 사자' 공부했고 공대 전자공학과에 입학했다.

1977년, 대학을 졸업하자마자 그는 삼성전자에 입사했다. 당시 삼성전자는 지금의 초일류 글로벌 기업의 이미지와는 사뭇 달랐다. 3류 전자회사에 불과했다.

"제가 삼성에 입사할 때만 해도 우리나라 전자공업의 저변이 미천했습니다. 소니, 히다치, 파나소닉 등 일본 업체가 앞서 있었지요. 우리는 그저 일본의 앞선 기술을 쫓아가기 위해 부단히 애쓰는, 시장에서 팔로워(follower)였습니다. 패스트 팔로워(fast follower)도 못 됐어요."

그는 입사 후 줄곧 텔레비전의 '전자 회로' 개발업무를 했다. 그러던 어느 날 삼성그룹 이건희 회장이 '자식과 마누라 빼고는 다 바꾸라'라고 천명하면서 혁신의 칼날을 뽑아들었다. 그럭저럭 열심히 일하는 것처럼 보이는 자세가 더 이상 용납되지 않았다. 불량이 나면 고쳐주면 된다는 안일한 풍토도 없어졌다. '불량률 제로'를 위한 엄청난 규모의 혁신이 시작되었고, 생산 도중에 미세한 문제라도 발견되면 라인 전체를 세워놓고 검토하고 또 검토했다. 불량품은 가차 없이 모두 불태웠다.

매일매일 뼈를 깎아낼 정도의 혁신이 거듭되었다. 동시에 회사는 인력에 대한 투자를 대폭적으로 늘렸다. 강도 높고 수준 높은 직원 교육이 지속되었고, 실력 있는 인재들이 대거 영입되었다. 기술개발에 아낌없이 투자했다.

"사람들이 다들 그 힘든 직장에서 어떻게 30년 넘게 일했냐고들 합니다. 허허허, 하지만 저는 일을 즐긴 편이에요. 집에 있는 시간이 거의 없었을 정도로 회사에서 일만 했지만 일이 재밌었어요. 어렵다, 힘들다, 인정사정없이 일을 시킨다, 이런 말을 하는 분들도 있더군요. 하지만 생각의 차이입니다. 일을 하다 보면, 특히 우리처럼 제품을 생산해서 소비자에게 파는 사람들에게 가장 힘든 것은 제품에 불량이 나서 되돌아오는 겁니다. 그런 것이 점점 줄어드니까 오히려 일이 점점 덜 힘들어졌다고 보는 게 정확한 설명입니다."

혁신이 진행될수록 불량률은 급감했다. 남의 기술을 따라 하는 데에서 벗어나 점차 대등해지더니 결국 앞서나갔다. 혁신은 생각하는 방식에도 영향을 미쳤다. 어떤 안건에 대한 답도 대충 내는 것이 아니라 철저하게 원칙에 맞으면서도 선도적인 답을 내야 했다.

당시 삼성의 업무 강도는 사람의 혼을 쏙 빼놓을 정도로 대단했는데, 그는 엄청난 양의 일을 최고의 수준으로 해내야만 했던 분위기 속에서 직원들은 오히려 조금씩 전진해나가는 희열을 맛보고 끊임없이 자기 발전에 대한 자극을 받아 발전해나갔다고 말한다.

회사는 시장의 트렌드와 고객의 니즈를 파악할 때도 고객 접점을 고려해 연구했으며, 그 결과 제품의 콘셉트와 디자인도 점점 더 시장 선도적으로 변모했다.

"혁신이 생활이었고 매순간이었습니다. 그렇게 33년을 일하고 보니, 3류 회사가 리더를 넘어 초일류 기업이 되어 있더군요. 이제 전 세계 텔레비전 분야에서 삼성의 라이벌은 없습니다. 최강자입니다. 언제부턴가 끊임없이 자기를 넘어서는 경쟁을 하고 있지요."

막중한 책임을 짊어진 대기업 임원으로 살아가기

대기업의 임원이 되는 것은 하늘의 별 따기보다 힘들다고 말한다. 더군다나 낙타가 바늘구멍 들어가기보다 힘들다는 삼성의 임원이 된 유 사장. 그는 예의 다시 '허허허' 웃으며 삼성에 임원이 얼마나 많은 줄 아느냐며 별것 아니라고 겸손하게 말했다. 하지만 그는 임원으로서의 엄청난 책임과 막중한 중압감에 대해 이야기할 때는 사뭇 비장했다.

"수많은 부장 중에서 이사로 승진하는 사람은 극히 일부입니다. 임원이 되려면 주어진 일만 잘해서는 절대 안 됩니다. 올라가는 사람과 그렇지 못한 사람의 차이는 여기에 있습니다. 부서의 리더가 되어 정확한 판단 하에 사업을 추진하고 팀워크를 이용해 성과를 낼 수 있는 사람만이 임원이 될 수 있습니다. 삼성전자에서는 일렉트리컬, 케미컬, 메카니컬 분야를 다 아우르고 이끌 수 있어야 합니다."

회사의 꽃은 임원이라 할 만큼 많은 혜택을 누리지만 그만큼 책임을 엄격하게 묻기 때문에 임원에게는 정년이 따로 없다. 매해 성과를 평가받고 목표에 미치지 못하면 소위 옷을 벗어야 한다. 임원 목숨이 파리 목숨이라고 말하는 건 이 때문이다.

그는 실력과 인품을 두루 갖춘 상사로 인정받아 이사에서 전무까지 올랐다. 삼성의 텔레비전 기술 혁신의 산증인이자 리더였던 그의 직장생활 성공 비결은 무엇이었을까?

"이 정도 나이가 되고 부서의 장이 되어보면 신입 직원들의 눈빛만 봐도 한눈에 대략 어떤 사람인지가 보입니다. 물론 다 알 순 없죠. 처음에는 평범해 보였지만 나중엔 막강한 실력자로 크는 사람도 있으니까요. 하지만 그런 사람들도 처음부터 뭔가 조금 다른 게 있습니다. 특별한 게 아닙니다. 요령을 피우지 않고 요행수를 바라지 않고 성실하고 정직합니다. 거기다 적극적이고 일을 두려워하지 않습니다. 이런 스타일의 직원들이 일도 잘하고 조직에서도 인정받습니다. 사원이라면 과장의 태도로, 과장·차장은 팀장의 태도로 일을 살펴보는 습관을 가지면 보이는 범위가 더 커지고 일의 퀄리티도 높아지기 마련입니다."

그도 유한공고 출신답게 성실과 정직을 성공의 비결이자 조직에서 뻗어나갈 수 있는 절대조건으로 꼽았다. 거기다 그는 일을 두려워하지 않았다. 당연히 해야 하는 것으로, 당연히 잘해야 하는 것으로 여겼다.

"제가 좀 긍정적인 편입니다. 일이 주어지면 당연히 다 잘될 거라고 생각하고 매달립니다. '된다, 된다' 생각하고 하니 안 되는 게 없더군요. 정말 험난한 프로젝트들도 많았지만 다 사람이 하는 일인데 두려워하지 말자는 마음으로 차근차근 하나씩 풀어나갔습니다. 그랬더니 진짜 성사되더군요."

그는 삼성에서도 유한공고 정신이 통했다고 말한다. 줄서기·파벌·학력 차별 등이 없고 오로지 실력과 성과로만 개인을 평가하는 삼성의 조직 특성과 실력 있고 성실한 인재를 길러내는 유한의 정신이 서로 맞닿아 있다는 것이다.

유 사장은 삼성에서 '30년 근속상'을 받았다. 지난 2010년, 33년간 근무한 삼성을 퇴사한 뒤 삼성 근무 시절 부품 국내화 사업으로 인연을 맺은 글로벌 강소기업 이랜텍으로 자리를 옮겼다. 환갑이 넘은 나이지만 그는 여전히 긍정적이고 두려움 없는 경영인의 모습으로 최선을 다하고 있었다. 이랜텍의 미래가 더 기대되는 것은 바로 이러한 유 사장의 끝없는 자기 혁신 때문이기도 하다.

교실 뒷문으로 들어와
학생들을 쓰다듬어주고 가셨죠

양경철

다산금속 대표

유한양행에서 경리 담당자가 가장 신경을 써야 하는 일은 기일을 넘기지 않고 세금을 내는 일이었다. 유일한은 틈틈이 경리 담당자를 불러서 세금을 정직하게 내야 하는 이유를 설명하곤 했다.

"국민이 세금을 내지 않으면 나라가 어떻게 살림을 살 수 있겠소? 국가가 없으면 기업도 없는 법, 우리 기업 하는 사람들이 해야 하는 일 중 가장 중요한 것이 바로 세금을 정직하게 내는 것이오."

귀에 못이 박이도록 이런 교육을 받았음에도 불구하고 한번은 경리 담당자가 바쁜 일을 처리하느라 그만 세금 내는 날짜를 놓치고 말았다. 그것을 알게 된 유일한은 그 어느 때보다 엄하게 꾸짖었다.

"당신이 하는 일 중에서 가장 중요한 것을 잊어버리다니. 도대체 정신을 어디에다 두고 있는 거요?"

"죄송합니다. 사장님. 제가 국세청에 연락해보았더니 우리 회사는 대한민국에서 세금을 제일 잘 내는 회사로 정평이 난 곳이니, 오늘 중으로만 내면 과태료를 받지 않겠다고 합니다."

"과태료 내는 것이 아까워서 하는 말이 아니오. 당신은 신용이 없는 사람이오. 앞으로 한 번만 더 세금 기한을 놓치면 사표를 받겠소."

유일한의 이 한마디는 경리 담당자의 가슴을 서늘하게 했다.

건축자재 업계에서 '황소' 또는 '잡초'로 통하는 이가 있다. 바로 철선 제조업체 중에서도 '알짜 회사'로 통하는 다산금속의 양경철 대표다. 그는 유한공고 재학 시절 보고 배운 유일한 박사의 철학을 사업의 철칙으로 삼고 있는 경영인으로서, 신용과 기술 면에서 '틀림없는 사장'으로도 정평이 나 있다.

수업시간, 뒷문으로 들어와 머리를 쓰다듬어주신 유일한 박사

충청남도 공주 출신의 양 대표는 중학교에도 진학하지 못할 정도로 집안이 가난했다. 하지만 어려서부터 잡초처럼 강했던 그는 단

한 번도 부모님을 원망하지 않았고 형편에 굴하지도 않았다. 집안일을 도우면서 공부도 부지런히 해서 검정고시로 중학교를 마쳤다. 배움에 대한 열의가 강했던 그는 고등학교에 진학하고 싶었다. 하지만 부모님의 도움을 받을 수는 없었다. 그래서 장학금을 주는 학교를 알아봤고 그 과정에서 유한공고를 알게 되었다. 적성을 고려할 상황도 아니었고 그 학교가 어떤 정신을 중요시하는지 알아볼 여유도 없었다. 그저 얼른 공부하고 취업해서 집안에 보탬이 되고 싶은 마음뿐이었다.

학교에 입학하고 보니 친구들이 모두 똑똑했다. 전라도, 충청도, 경상도 등 전국 각지에서 공부 잘하는 친구들이 죄다 모인 것 같았다.

"다들 참 가난했지만 명석한 친구들이었어요. 경기고, 경복고, 용산고 등 명문 고등학교에 합격했는데 등록금이 없어서 못 간 친구들이 많았지요. 인문계에 갔다면 모두 서울대는 무난히 합격했을 겁니다."

그는 처음에는 빨리 기술을 배워 졸업 후 바로 취업할 생각이었다. 하지만 공부를 하면서 점점 마음이 변해갔다. 공부가 재미있었고 더 해보고 싶다는 바람이 생긴 것이다. 2학년 때 담임선생님이셨던 김성천 선생님의 영향도 컸다.

"하루는 선생님께서 저희들에게 이런 말씀을 하셨어요. '너희는 이대로 공부를 그만두고 취업하기에는 다들 너무 잘한다. 아무리

가정형편이나 상황이 뒷받침되지 않는다고 해도 대학에는 꼭 가라'고 하셨어요. 대학 갈 생각은 추호도 없던 제게 나중에 입학원서까지 사다주시며 용기를 주신 것도 그 선생님이셨어요."

다행히 그가 고등학교 3학년이 되었을 때쯤 가정형편이 조금 나아졌다. 물론 주경야독과 고학은 각오해야 했지만 바로 취직하지 않고 좀 더 공부를 할 수 있을 정도는 되었다. 그래서 인하공대 기계과에 입학했다. 당시를 그는 이렇게 회상한다.

"그때 명석하고 공부 잘하는 친구들 중에 가정형편상 졸업하자마자 돈을 벌어야 해서 대학 진학 대신 취직을 해야만 하는 친구들이 많았습니다. 어떻게 보면 정말 안타까워요. 그런 친구들이라고 공부 욕심이 없었겠습니까? 그렇지 않아요. 결국 일을 하면서 야간대학이나 방송대학 등에 진학해서 끝까지 공부하는 친구들이 많았습니다.

남들이 알아줄 만큼 대단한 성공을 하지는 않았지만 모두들 자기 자리에서 제 역할을 다하며 인정받고 삽니다. 우리끼리는 자주 만나요. 모두가 배고팠던 시절, 같은 고민을 하면서 공부를 해서 그런 걸까요. 지금까지도 아주 끈끈합니다. 사업을 하면서 힘든 일이 참 많죠. 아무한테나 말 못할 고민들도 유한공고 친구들과는 가슴을 열어 제치고 털어놓습니다. 서로 도와주고 힘이 되어주죠. 제 인생에서 가장 소중한 자산입니다."

유 박사로부터 배운 사업의 법칙, 신용제일주의

양 대표는 대학 졸업 후 곧바로 사업을 시작했다. 친인척 중에 작은 철선제조 공장을 하는 분이 있었는데 그분 밑에서 1년간 배운 뒤 자기 공장을 차린 것이다. 물론 처음에는 남의 공장에 세를 얻어서 시작했다. 그는 사업을 시작하면서 철칙으로 삼은 게 있다. 그것은 바로 유일한 박사의 정신으로, '약속은 반드시 지킨다'이다.

제품의 품질도 스스로 정한 최고의 기준을 반드시 지켜나갔다. 그래서 그가 만든 제품의 품질은 거래처로부터 늘 믿을 만하다는 평가를 받는다. 다산금속의 제품은 주로 무역회사나 건설회사에 납품되는데 국내외 공사현장 어디에서나 '틀림없는 품질'로 인정받고 있다.

하지만 그는 회사의 규모를 키우는 데는 큰 관심이 없다. 투자 제안도 많았고 유혹도 있었다. 마음만 먹었으면 규모는 얼마든지 더 키울 수 있었다. 하지만 그러지 않았다. 작지만 강한 알짜 회사를 만들고 싶었기 때문이다.

"건축업계에 있다 보면, 부도가 비일비재합니다. 우리처럼 건축자재를 생산해서 납품하는 회사의 경우 건축회사가 부도나면 무방비로 타격을 받아요. 어렵게 물건을 납품하고 받아놓은 약속어음이 지급 불능 상태에 빠진 적이 한두 번이 아니었습니다."

건설업계의 작은 회사 사장으로서 남몰래 운 적도 많았다. 그에게는 뜬 눈으로 밤을 새우며 밥 먹는 것도 잊은 채 그저 헤쳐 나갈 궁리만 해야 했던 시간이 많았다. 그때 체면 따위는 다 버리고 거래처에 가서 사정도 많이 했다.

"그러면서 결심한 게 하나 있습니다. '나는 절대 남한테 피해를 끼치지 말자.' 사업을 하다 실패하면 그 피해가 이루 말할 수 없을 정도예요. 직원들, 거래처 그리고 사회에 끼치는 손해까지 엄청납니다. 그래서 저는 목숨 걸고 열심히 일합니다. 회사가 제법 커지고도 10년 동안 제가 직접 트럭 몰고 배달 다녔습니다. 공장에서도 두 손 걷어붙이고 일하는 건 당연한 일입니다."

회사 경영이 안정권에 접어든 지금도 그는 '사업에 있어 안정이란 없다. 내성이 생겼을 뿐이다'라며 겸손하게 말했다.

업계에서 '황소 사장, 잡초 사장'으로 통하는 양경철 대표. 그는 지킬 수 있는 약속만 하고 약속을 하면 반드시 지킨다. 조금이라도 못 지킬 것 같으면 애초에 약속조차 하지 않는다. 사업을 확장하기 위해서는 투자를 해야 하고 위험을 감수해야 하는데 그는 그 위험을 최소화했다. 건설업은 경기에 특히 민감하다. 잘 될 때는 안 될 때를 대비해야 하고, 안 될 때는 잘 될 때를 기약하며 더 열심히 해야 한다. 잘 될 때도 많았지만, 그게 언제까지 갈지 모르고 언제 또 불황이 닥쳐 거래처에 어려움이 올지 모른다. 그래서 그는 회사의 규모를 키우기보다는 내실을 다지는 데 중점을 둔다. 확장했다가 그 유지비용 때문에 경기가 어려울 때 버틸 여력을 잃을 수도 있기 때문이다.

다산금속은 '알짜 중에서도 알짜 회사'로 통한다. 다들 어려웠던 IMF 위기 때 오히려 돈을 더 벌었다. 큰 회사들이 줄줄이 부도가 나는 상황에서도 다산금속에는 주문량이 늘었다. 그래서 온 나라가 힘들던 1998년, 그는 인천 오류동에 자체 공장을 지어 이전했다.

양 대표는 어음을 발행하지 않고 현금 거래만 한다. 세금도 1원 한 푼 속이거나 하루라도 연체해본 적이 없다.

"건국 이래 처음으로 세금 1원까지 딱 맞게 낸 회사가 바로 유한양행이었다고 들었습니다. 유한공고에 다닐 때 그 이야기를 듣고 앞으로 나도 사업을 하면 저렇게 해야겠다고 생각을 했었어요. 세금, 거래대금, 직원들 월급 등 지금까지 줄 돈을 늦게 주거나 속여본 적이 단 한 번도 없습니다."

그는 회사의 규모나 매출보다 신용이 가장 중요하다고 생각해서 거래처나 직원들과의 약속을 목숨처럼 지킨다.

"유한공고에 다닐 때, 유 박사님이 수업시간에 한 번씩 교실 뒷문으로 들어오셔서 저희들 어깨를 쓰다듬어주셨어요. 그 인자한 모습이 지금도 눈에 선합니다. 그때부터 우리는 유한양행 하면 '신용', 유한양행은 '신용의 버들표'라는 말을 했지요. 그분이 주신 장학금으로 공부를 해서 지금 이렇게 사회에서 제 몫을 하고 있으니 그 감사함은 평생 잊지 못할 겁니다. 나를 키워준 유한공고 정신을 계속 실천하고 박사님의 정신을 계승하고 싶습니다."

30년째 다산금속을 이끌고 있는 양 대표. 유한공고 시절 맺은 친구들과의 우정 그리고 20년 이상 함께하고 있는 직원들과 신뢰로 맺은 가족애. 이 두 가지를 인생에서 가장 소중한 재산으로 생각하는 그 또한 유일한 박사의 후예다.

성실에 열정을 더하면
세상이 무섭지 않다

조윤장
삼우금형 대표

1936년 8월, 유한양행은 경기도 부천군 소사면 심곡리에 공장을 짓기 시작했다.
회사를 주식회사 형태로 바꾼 뒤 추진하는 첫 사업이었다.
'우리 유한양행은 단순한 약 판매회사가 아니다. 연구소와 공장을 세워 좀 더 좋은
약을 개발해내고 생산해야 한다.'
유일한 박사의 신념이자 목표였다. 소사 공장은 운동장, 수영장, 화원, 양어장, 독
신자 숙소 등을 갖춘 당시로서는 초현대적인 시설이었다. 공장까지 짓고 나니 순
풍에 돛단 격, 호랑이가 날개를 단 셈이었다. 무서울 정도로 쭉쭉 뻗어나갔다.
중국 다롄에 있는 창고를 지점으로 전환시킨 데 이어 만주, 중국 본토, 일본 지역으
로 판매망을 넓혀나갔다. 이제 '버들표 유한양행' 하면 동아시아 지역에서는 꽤 알
아주는 제약회사가 되었다. 그 기세를 몰아서 대만과 베트남까지 시장을 확대했다.

자수성가한 사업가 특유의 카리스마를 지닌 삼우금형 조윤장 대표. 유한공고 졸업 후 금형회사에 취직해 일하다가, 삼우금형을 창업해서 오늘날 금형업계의 대표적인 회사로 키워냈다. 그는 유일한 박사가 유한공고 학생들에게 입학식부터 졸업식까지 일관되게 강조한 교육철학인 '성실'에 열정이 더해지면 얼마나 큰 것을 이루어낼 수 있는지 몸소 보여준 인물이다.

어려서 배우고 커서 실천한다

"아침 등굣길 정문에 들어서면 '성실!'이라고 큰소리로 외치면서 인사를 했습니다. 저는 모자를 삐딱하게 쓰고 외치다가 규율대로부터 지적도 많이 당했죠. 그때는 성실이 밥 먹여주나 싶었습니다. 하지만 인생을 살아보니 알겠어요. 어려서 배운 것들을 커서 실천하게 됩디다. 인문학책, 역사책, 사서삼경도 마찬가지예요. 어릴 때 읽은 게 훗날 인생에 많은 영향을 미칩니다. 피가 뜨거운 청년 시절에는 반항할 수도 있습니다. 아니 어쩌면 하는 게 당연합니다. 그때는 배움 그 자체에 대해서도 반항심이 들곤 합니다. 당장 가난한 현실을 바꿔놓지 못하는 배움 따위가 무슨 소용이 있겠나 싶으니까요. 하지만 그런 가르침은 불혹의 나이를 지나면서 그간 쌓아온 지식과 경험을 바탕으로 현실을 바꾸는 계기를 만들어줍니다. 살아보니 알겠어요."

학창시절 그는 잠시 방황은 했지만 재능만큼은 어디 가지 않았다. 미국에 친척들이 많이 살고 있던 그는 미국 유학의 꿈을 품기 시작했다. 학교에서 배운 기술로 취직을 하고 또 공부도 하고 싶었다. 그런 계획을 마음속에 두고 졸업 무렵 실습을 나갔다. 금형회사였다.

그는 유한공고 출신답게 일을 잘했다. 그때 다른 작업자들은 모두 어깨너머로 일을 배운 사람들이었고 계산도 할 줄 몰랐다. 하지만 제대로 교육을 받고 계산도 잘했던 그는 금세 일 잘하는 직원으로 인정받았다. 그도 일이 재미있었다. 그러면서 그는 미국 유학의 꿈도 접고 금형 일을 천직으로 생각하게 되었다.

그는 금형회사에 근무하는 초기부터 사장님에게 인정받았다. 일을 제일 잘했기 때문이다. 당연히 월급도 비슷한 또래 직원들 중에 가장 많이 받았고, 승진도 빨랐다. 간부 자리에까지 올랐다. 작은 체구로 큰 덩치의 직원들을 총괄했고 노사분규가 심하던 시절에는 내부 갈등까지 잘 해결했다. 게다가 거래처로부터 뇌물을 주고받는 게 성행하던 시절에도 그는 청렴했다. 단돈 만 원짜리 한 장도 받지 않았다. 그뿐 아니었다. 일본에 가서 신기술을 배워 와서는 직원들을 대상으로 교육을 실시했고, 새로운 공정시스템을 설계하고 실행해서 공장의 효율까지 높였다. 사장님은 성실하고 정직하게 자신의 일에 최선을 다하면서도 직원들에게 남다른 리더십을 발휘하는 그를 신뢰했다.

그렇게 18년 동안 변함없이 성실하게 일한 그에게 사장님은 큰 기회를 주셨다. 일 잘하고 믿을 만한 직원에게 시설비를 모두 대주고 독립적으로 운영할 수 있게 해준 것이다. 그 첫 번째 케이스가 바로 조 대표였다. 그의 나이 37세 때였다. 독립회사의 지분은 사장님이 갖고 조 대표는 운영을 맡은 소사장인 셈이었다. 구로공단에서 직원 27명을 데리고 금형회사를 시작했다. 2년 후 사장님의 지분을 모두 인수해 완전히 독립했다.

"명절 때면 늘 사장님께 인사를 드리러 갔어요. 그런데 집에 갔더니 친척분들이 무척 많아서 놀랐어요. 이렇게 친척이 많으신데 왜 하필 제게 독립할 기회를 주셨는지 궁금하더군요. 그래서 사장님께 여쭤봤습니다. 그랬더니 사장님이 '다른 사람은 못 믿겠는데 너는 믿을 수 있겠더라' 하시더군요. 그날 사장님의 그 말씀을 평생 가슴에 새기며 일했습니다."

유한공고 시절 학교 문 앞을 들어설 때부터 외쳤던 '성실과 정직'이 그의 인생에도 어느덧 좌우명이 되어 가치를 발하는 순간이었다.

도요타와 아우디 등 해외에서 먼저 찾는 알짜배기 금형회사

삼우금형은 사업 초기에는 국내 일을 거의 하지 않았다. 그때만 해도 뇌물이나 접대로 영업을 해서 일을 따내던 시절이었는데 이런 풍토는 조 대표의 신념과 맞지 않았다. 그는 오로지 기술로 승부를 보고 싶었다.

첫 번째로 제품을 납품한 곳은 일본 샤프사의 태국 현지 공장이었다. 그들은 삼우금형의 제품에 만족했고, 거래를 하는 동안 변치 않는 제품의 품질과 납기일 엄수에 더욱더 신뢰를 갖게 되었다. 몇 년 후 태국 공장 책임자가 샤프사의 글로벌 구매전략 회의에서 '한국의 삼우금형 제품을 써봤는데 품질 면에서 최고이며 회사도 신뢰할 만하다'는 이야기를 하면서 다른 나라에 있는 공장 책임자들에게도 삼우금형 제품을 권했다. 이후 삼우금형은 다른 나라에 있던 샤프 공장과도 거래를 하게 되었다.

당시 삼우금형이 새롭게 거래를 시작한 곳은 샤프의 1차 벤더 회사였다. 그 회사 역시 삼우금형 제품에 만족하면서 샤프 말고 다른 회사 일을 할 때도 삼우금형에 제품을 의뢰했다. 사업은 날개를 단 듯 비상했고, 점차 회사도 커져갔다.

"비결은 단순합니다. 품질은 좋게, 납기일은 정확하게, 비용은 저렴하게. 이게 다예요. 이 원칙을 어떠한 경우에도 어기지 않는 게 성공의 비결이라면 비결입니다. 그러면서 신뢰가 쌓이는 거죠."

일본의 거래처 한 곳은 삼우금형을 '요시노야 금형집'이라고 불렀다. 요시노야 규동집은 식당에 들어가서 앉자마자 음식이 바로 나오는데 맛도 기가 막히고 가격도 저렴했다. 이런 규동집의 이름을 따서 삼우금형을 '요시노야 가나가나(금형)'라고 불러주었다. 그만큼 삼우금형도 좋은 제품, 정직한 가격, 철저한 납기일 엄수를 원칙으로 하는 알짜배기 회사라는 의미였다.

삼우금형의 성공신화는 여기서 그치지 않았다. 현재는 일본, 미국, 유럽 등 전 세계 각지로 수출을 하고 있으며, 도요타와 아우디, GE 등 글로벌 기업과 거래를 하고 있다.

"우리의 사업 파트너는 전 세계의 다양한 나라들입니다. 그 나라마다 기업 문화와 직원들의 업무 방식, 취향이 다 달라요. 하지만 그들이 신뢰하는 기업의 요건은 같습니다. 바로 품질과 약속을 지키는 것, 신뢰를 저버리지 않는 것입니다. 바로 그거예요. 사업은 신뢰로 하는 것이지요."

수출만으로 매출의 85퍼센트를 이루며 성장한 삼우금형의 발전은 대한민국 '뿌리기업'의 자랑이기도 하다. 이 모든 성취와 영광은 조윤장 대표의 성실에 열정이 더해진 결과다.

열정만 한 사업 밑천은 없다

"어릴 때 좌절과 아픔을 경험했습니다. 아버지가 사업에 실패했을 때 그 고통은 제게 뼈아팠습니다. 당장의 가난도 고통스러웠고 갑자기 나락으로 떨어진 아버지가 너무 안쓰러워 가슴이 미어질 지경이었어요. 사업 실패란 건 그렇게 처참합니다. 학업은 고사하고 쌀이 없어 밥을 못 먹게 되는 거예요. 실패란 그런 겁니다. 지금 내가 실패하면 우리 집도, 직원들의 집도 모두 한순간에 나락으로 떨어지고 하청업체까지 그 지경에 처할 수 있습니다. 절대로 그런 일은 있어서 안 됩니다. 그러니 내가 어떻게 열심히 하지 않을 수 있겠습니까."

유년 시절 5~6년 동안의 가난과 고생의 시간이 그를 이렇게 열정과 강단의 사나이로 바꿔놓았다. 아버지의 사업은 그 후 다시 자리를 잡았지만 그 실패로부터 배운 깨달음을 그는 평생 동안 잊지 않고 있다.

"사업 하는 사람은 자기관리에 철저해야 합니다. 회사 운영에 만전을 기함과 동시에 늘 깨어 있어야 해요. 그러기 위해서는 공부를 멈춰서는 안 됩니다."

조 대표는 회사가 성장할수록 협력업체와의 신뢰뿐만 아니라, 직원과 회사 간의 내부적인 신뢰를 형성하는 것도 중요하다고 말한다.

"내부적인 신뢰는 월급을 많이 주고, 인간적으로 잘 대해준다고 생기지 않습니다. 일관된 원칙으로 공정하게 직원을 대하는 게 신뢰의 기본이에요. 저는 회사의 상황에 대해서도 전 직원에게 투명하게 공개합니다. 또한 직원들이 좀 더 좋은 환경에서 행복하게 일할 수 있도록 공을 많이 들이고 있습니다.

제가 새로운 꿈을 갖고 성장할 수 있게 된 것처럼 직원들에게도 각종 교육의 기회를 부여하려고 노력하고 있습니다. 회사로서는 당장 손해되는 일일 수도 있지만 그 비용은 투자라고 생각합니다. 그런 것들이 장기적으로 회사를 더욱 성장시키는 원동력이 될 거라는 걸 잘 아니까요. 앞으로 저희 직원들 중에서도 일 잘하고 믿을 만한 사람은 독립시켜줄 생각입니다. 제가 받았던 기회를 똑같이 돌려주고 싶습니다.”

성실과 정직을 바탕으로 한 뛰어난 기술력으로 오늘날의 삼우금형을 만든 조윤장 대표. 그의 남다른 기업가 정신 역시 유일한 박사의 가르침과 실천을 고스란히 계승한 것이다.

내이름 석 자가
신뢰의 대명사가 되게 하라

이우헌

컴앤에스 대표

"버들표가 붙은 제품은 믿을 수 있다."
유한양행 제품에 대한 사람들의 신뢰가 두터워지자 약품은 날개 돋친 듯이 팔려나
갔다. 그러자 일본의 제약회사들은 버들표를 잡기 위해 안간힘을 썼다. 특히 영양
제인 네오톤을 따라잡기 위해 부르도제를 내놓았다. 그러나 사람들은 부르도제를
거들떠보지도 않고 네오톤만 찾았다.
네오톤에 이어 기적의 염증 치료제인 지유사이드가 출시되었다. 이 약을 생산할
수 있었던 것은 유일한 박사가 세계 일주 여행을 하면서 유럽의 제약회사들과 기
술을 제휴해놓은 덕분이었다. 지유사이드 역시 밤을 새워 생산해도 모자랄 정도로
잘 팔렸다.

컴앤에스 이우헌 대표는 업계에서 자신의 이름 석 자만으로도 신뢰를 받는 경영자다. 그가 이처럼 신뢰의 대명사가 된 근간에도 유한의 정신인 '성실과 정직'이 있다.

이 대표가 창업을 한 지 얼마 되지 않았을 때 삼성전자 공장에 들어갈 기계의 부품이 공항에서 없어져 대혼란을 겪은 적이 있었다. 그때 회사 간부들이 모두 가서 급한 불을 끄려고 발을 동동 구르고 있는데 삼성에서 "사장은 왜 얼굴도 안 비치느냐? 사장이 누구냐?"라고 따지고 들었다. 그때 직원들이 이 대표의 이름을 대자 그 직원은 바로 "반도산업의 그 이우헌? 그 사람이라면 믿을 수 있지. 금방 해결되겠네"라고 말했다.

이 대표는 말한다. '그 이우헌'을 만든 게 바로 유한공고의 가르

침이라고. 그때 배운 전기 지식과 기술, 성실하고 정직한 자세, 이
것들이 오늘날의 자신을 만들었다고 말이다.

집에서 쫓겨나면서까지 다닌 유한공고

경기도 남양주의 어느 부잣집 7남매 중 막내아들로 태어난 이 대
표. 여섯이나 되는 형과 누나들이 모두 대학에 갈 정도로 유복한 가
정환경에서 자랐다. 그는 유한공고에 입학한 학생들과는 달리 등
록금이 없어서가 아니라 기계와 전기가 좋아서 입학했다. 그가 공
고에 진학하겠다고 선언하자 집안은 발칵 뒤집혔다. 그가 처음으
로 '반항 아닌 반항'을 한 것이다. 한번 결심한 것은 무조건 해내고
야 마는 성격을 가진 이 대표는 끝내 유한공고에 입학했고, 집에서
는 쫓겨났다.

"공고를 나와서도 충분히 사회에서 제 몫을 할 수 있다는 걸 보
여주고 싶었어요. 제가 유한공고에 합격해 입학하겠다고 말씀드렸
더니 부모님께서는 집에서 나가라고 하시더라고요. 그래서 진짜
나왔어요. 그때 학교 앞에서 1년간 자취를 했습니다."

학교생활은 재미있었다. 전기광이었던 소년에게 실습시간은 놀
이와도 같았다. 친구들은 너나없이 성실했고 공부밖에 몰랐지만

그는 달랐다. 전기에 미쳐 있었고 학교생활도 즐겼으며 싸움도 많이 했다. 유한공고 근처에 있는 우신고등학교 학생들한테 친구나 후배들이 종종 맞고 올 때가 있었는데 그때마다 그는 득달같이 달려가 몇 배로 되갚아주고 왔다. 그야말로 의협심 넘치던 '피 끓는 청춘'이었다.

일은 완벽하고 빈틈없이 해내는 습관을 길들여야

대학 졸업 후 반도산업에서 16년간 근무했다. 전기전자 분야 중에서도 전력전자 업무를 담당했다. 한전, 삼성전자, 현대자동차, 포스코 등 대기업 공장의 전력용 변압설비를 해주는 일이었다. 그는 유한공고 출신답게 성실하고 정직하게 일을 잘했다. 새 설비를 설치하러 가서도 일이 끝나면 다른 동료들처럼 곧바로 철수하는 게 아니라, 그전에 설치했던 설비들에 문제나 불편사항은 없는지 일일이 체크하고 물었다. 그는 '프로는 내가 한 일을 누가 다시 하지 않게 해야 한다'는 철칙을 갖고 있다. 늘 완벽하고 빈틈없이 일을 해냈다. 당연히 신뢰도 쌓여나갔다.

한번은 이런 일이 있었다. 삼성전자 생산라인의 특정 부분에 그가 1년 전에 설비해놓은 일본 제품을 독일 VAHLE사의 기계로 바꾸면 좋겠다는 아이디어가 떠올랐다. 고민해보니 전체 프로세스상 훨씬 효율적일 게 분명했다. 하지만 설비한 지 1년 만에 그 부분만 바꾸라고 권하는 건 쉽지 않았다.

그는 당시 월급이 20만 원 정도인 시절에, 700만 원이나 하는 VAHLE사의 기계를 소개하며 그쪽 담당자에게 말했다. '그냥 공짜로 드릴게요. 써보세요.' 기계는 맞춤 생산을 하니 발주해서 물건을 받는 데 보통 한 달 정도가 걸린다. 그런데 독일 VAHLE사는 처음으로 삼성전자에 납품을 하게 되었으니 평소보다 속도를 내서 2주 만에 만들어 보냈다. 곧바로 설치했고 라인이 잘 돌아가는 것도 확인했다.

독일 회사에서는 "미스터 리, 기계는 갔는데 왜 계약서도 없고 돈도 안 들어와?"라고 물었다. 그는 한 달만 기다려보라고 했다. 그런데 3일쯤 지나자 삼성전자 쪽에서 연락이 왔다. 다른 라인도 설치할 테니 거래명세서와 세금계산서를 갖고 오라는 것이었다.

삼성쪽 담당자는 "미스터 리가 그 기계 이야기를 하면서 그냥 써보라고 할 때부터 우리는 이 기계는 들여놓아야겠구나 생각했어요"라고 말했다. 그러면서 도면을 하나 더 주더니 또 다른 라인도 VAHLE사 설비로 채워달라고 추가 주문을 했다. '이우현 하면, 믿을 수 있는 사람'으로 정평이 나기 시작했다.

반도산업의 부장으로서 그는 부하직원들로부터도 두터운 신뢰를 받고 있다. 부장 시절 연말이 되면 사장님이 그해 실적이 좋은 부장들을 불러 꽤 두둑한 봉투를 주곤 했다. 대부분의 부장들이 그걸 모두 개인적인 보너스로 챙긴 반면, 그는 부하직원들에게 골고루 나누어주었다. 행정 일을 하는 어린 직원들에게도 나누어주었다.

독일에서 날라온 기적의 팩스 한 통

16년간 근무한 반도산업은 IMF 위기를 넘지 못하고 부도를 맞았다. 그는 퇴직금도 못 받고 퇴사했다. 그때 창업을 결심했다. 부하직원 다섯 명이 그를 따라왔다. 그 힘든 시기에도 이 대표만 믿고 한 배를 타기로 결심한 것이다. 그야말로 맨주먹으로 컴앤에스를 창립했다. 인사동에 위치한 백상빌딩 한구석에 사무실이 마련되었다.

"건물주가 많이 도와주고 격려해주었습니다. 그때 워낙에 부도 나서 나가는 회사들이 많았어요. 책상, 의자, 책장 등 사무기기는 아무것도 사지 말라며, 다 갖다 쓰게 해주었고 임대료도 많이 낮춰주셨어요."

회사는 열었지만 자금이 없었다. 그때 이 대표는 직원들과 함께 회사가 정상화하기 전까지는 예전에 받던 월급의 절반만 받자고 약속했다. 그러고는 집을 담보로 대출을 받으려고 은행에 왔다 갔다 하던 그때, 상상할 수도 없었던 도움의 손길이 그에게 찾아왔다. 바로 독일 VAHLE사였다.

이 대표가 창업했다는 소식을 들은 VAHLE사 직원이 컴앤에스를 방문한 적이 있었다. 그 후 얼마 지나지 않아 사무실로 팩스 한 장이 들어왔다.

"창업을 축하합니다. 16년 동안 반도산업에서 보여준 당신의 모습을 우리는 신뢰합니다. 우리는 컴앤에스에 대해서는 잘 모릅니다. 하지만 당신을 믿고 아무 조건 없이 컴앤에스에 자금을 지원하고자 합니다. 필요한 금액과 계좌번호를 적어서 팩스로 보내주십시오."

컴앤에스를 방문한 직원이 독일 본사에 이 대표가 처한 상황을 알렸고, 본사에서는 그 소식을 듣자마자 자금을 지원하기로 결정했던 것이다. 그는 팩스를 받아본 순간 눈물을 흘렸다. 성실과 정직은 절대 삶을 배신하지 않음을 다시 한 번 절감했다. 누구보다 컴앤에스의 저력을 믿었던 그는 '10만 달러'를 요구했다. 다음 날, 통장에 진짜 그 돈이 들어왔다.

VAHLE사로부터 자금이 들어오자 직원들은 큰 힘을 얻었다. 삼성전자, 현대자동차, 포스코 등 그동안 반도산업과 협력관계를 맺었던 회사들을 찾아가 적극적으로 회사를 알리고 영업했다. '이우현' 이름 석 자만으로도 컴앤에스는 신생 회사가 아닌 오랜 신뢰를 맺은 회사 대접을 받았다. 회사는 빠른 속도로 성장했고 8개월 만에 VAHLE사로부터 지원받은 돈을 다 갚았다.

회사 떠난 직원이 한 명도 없는 회사를 만들다

이 대표는 창립 1주년 워크숍 때 직원들의 가족을 모두 초청했다. 그 자리에서 급여를 인상시키고 주 5일 근무제를 실시하겠다고 선언함으로써 직원들의 헌신에 답했다. 그때부터 지금까지 모든 직원의 자녀들에게 대학까지 학자금을 전액 지원하고 동종업계 최고 수준의 급여와 복리정책을 유지하고 있다.

"컴앤에스의 대표로 가장 큰 자랑이라면, 우리 회사에 들어와서 지금까지 그만둔 직원이 단 한 명도 없다는 점입니다. 창업할 때 함께했던 다섯 명의 직원도 아직까지 일하고 있습니다. 그 후로 들어온 직원들도 아무도 퇴사하지 않았어요."

컴앤에스는 전력용 변압기의 핵심부품으로 쓰이는 독일 VAHLE사의 '부하시탭전환기'로 국내시장을 석권했다. 그 외에도 보호릴레이, 온도계 및 호흡기를 공급하면서 변압기 제작사 및 변전소에서 사용하는 정유기와 가스 분석장치를 수입해서 판매하고 있다. 일본 소켄전기의 정밀계측기기도 주요 취급품목이다.

이제는 자체 개발에도 성공해 특허를 취득한 제품도 나왔다.

정부의 지원을 받아 건국대와 함께 개발한 '서지 프로텍터(Surge Protector)'가 그것이다. 서지 프로텍터는 흔히 가정에서 사용하는 멀티탭에서 한 단계 진화된 형태의 모델로 과전압 차단장치를 일컫는다. 짧은 순간에 발생하는 갑작스러운 전기의 변화 즉, 과전류와 과전압을 '서지'라고 하는데 단순히 전자기기의 전원을 온·오프하는 것만으로도 전기 흐름에 불균형이 발생할 수 있다. 컴앤에스 제품은 실시간으로 서지 유입을 확인하고 디지털 방식으로 저장하게 해서, 서지가 유입되는 즉시 제거하는 기기로 컴앤에스의 효자 제품 노릇을 하고 있다.

컴앤에스는 탄탄한 성장을 지속한 끝에 창업 15년 만에 동종업계 신화로 인정받았다. 독일 VAHLE사와는 일반적인 제조사와 총판 관계를 넘어서 동반성장의 탁월한 모범사례로 회자되고 있다.

이 대표는 경영뿐 아니라 학업에서도 일가를 이루었다. 창업한 지 1년쯤 되었을 때 전자공학을 전공한 엔지니어로서 회사를 경영하는 데 부족함을 느껴, 성균관대학교 경영대학원에 입학해 경영 수업을 받기 시작했다. 한번 시작하면 끝을 봐야 하는 그는 내친김에 박사학위까지 받았다. 지금은 경영전문대학원 겸임교수로 제자들을 가르치고 있다.

그는 창업 당시의 뜨거운 열정을 간직한 경영자이자, 경영학과 마케팅 등 최신 비즈니스 학문을 공부한 스마트한 경영자다. 이 두

가지가 어우러져 내는 시너지는 이우헌 대표만의 카리스마를 만들어냈다. 그에게 사업 성공의 비결을 물었더니 돌아온 답은 간결하고도 명징했다.

"사업하는 사람으로서 초심을 잃지 않기 위해 늘 노력하고 있습니다. 그것은 유한공고에서 배운 기술과 정신을 이어나가는 일이기도 합니다."

내 삶의 가장 소중한 자산은
유한에서 배웠다

이범용

썬조명 대표

유일한 박사는 말년에 유한공고를 둘러보는 것이 큰 즐거움이었다. 창가에 앉아
몇 시간이고 운동장에서 뛰어노는 학생들을 바라보고 있을 때도 있었다. 언젠가
해외여행을 떠나기 전에 유일한 박사는 손병률 교장을 찾아온 적이 있었다.
"손 교장, 이 명함 어때요?"
유일한 박사는 입가에 가득 웃음을 띤 채 자신의 명함 한 장을 건네주었다.
"아니 왜 유한양행 회장이라는 직함을 쓰지 않으시고요?"
명함엔 유한공업고등학교 책임자라는 말만 씌어 있었다.
"나는 이 명함이 훨씬 더 자랑스러워요."
그는 흐뭇한 표정을 지으며 말했다.

각종 음향조명 회사들이 즐비한 청계천의 세운상가 거리. 그 한가운데에 썬조명이 자리 잡고 있다. 썬조명의 이범용 사장은 이 자리를 30년째 지키면서, 100여 개 업체가 모여 만든 조명협회 회장까지 지낸 자타공인 조명계의 터줏대감이다.

휴대폰에는 동문 1000여 명의 전화번호가 입력되어 있고, 유한공고 재학 시절 자신에게 제일 엄했던 선생님께 결혼식 주례를 부탁하고 지금도 담임선생님과 문자를 주고받을 정도로 유한공고의 자랑스럽고 믿음직한 마당발이다. 후배들에게는 인심 좋은 형님이기도 하다.

나는야 유한공고 똥반장

여느 학생들과 마찬가지로 그의 집도 무척이나 가난했다. 아버지가 일찍 돌아가시고 어머니와 둘이서 청계천에서 살면서 선린중학교를 다녔다. 졸업할 무렵에는 선린상고 입학이 당연시되었는데 뜻밖에 유한공고와 인연을 맺게 되었다. "박정희 대통령이 국가적으로 산업을 육성하고 있으니 공고에 가는 게 좋지 않겠냐"는 담임 선생님의 말 한마디 때문이었다.

명문 유한공고 학생이 된 것은 뿌듯한 일이었지만, 매일 아현동에서 저 멀리 부천까지 버스를 타고 다니는 것은 녹록지 않았다. 멀미를 심하게 했던 그는 영등포까지 가서 한 번 쉬었다가 다시 버스를 타고 학교까지 갔다. 뜻밖에도 그 일은 이 대표의 추억거리 하나를 더 만들어주었다.

"입학하고 얼마 안 되었을 무렵, 영등포에서 쉬었다 가는 바람에 지각을 했어요. 그랬더니 당시 담임이셨던 김보열 선생님께서 한 달 동안 화장실 청소를 하라는 거예요. 그래서 했죠. 그런데 너무 잘해버린 거예요. 그때는 화장실이 학교 건물이 아니라 운동장에 단독으로 있었는데 반짝반짝 윤이 날 정도로 깨끗하게 청소를 했어요. 3년 내내 했어요. 저보다 잘할 사람이 없었으니까요. 나중에는 제가 감독을 하고 청소는 16명이나 되는 당번들이 했어요."

그때 그는 '반장'으로 불렸다. 일명 똥반장. 전체 학생들 중에 똥반장을 모르는 학생은 아무도 없었다. 어딜 가든 군기를 잡는 학생은 따로 있었는데, 화장실 청소만큼은 아무도 그의 권력을 넘어서지 못했다. 유쾌하고 인간적인 성격을 지닌 똥반장은 인기가 좋았고 따르는 친구와 동생들도 많았다. 그는 똥반장으로서의 위엄을 즐겼다. 학교 밖에서 열리는 여러 행사에 학생들이 차출될 때도 그는 늘 열외였다. 선생님들이 '범용이 없으면 화장실 청소가 제대로 안 된다'고 붙잡았기 때문이다.

똥반장의 영향력은 학교 전체에까지 미쳤다. 각 반에는 반장이 따로 있고 그는 직급상 그 아래 격인 봉사부장이었지만 그의 위상은 반장 이상이었다. 당시는 선배가 선생님보다 무서웠던 시절인지라, 1학년 교실에는 2학년 선배들이 와서 규율을 잡았다. 복장 상태와 태도 등을 일일이 점검하고 조금이라도 흐트러짐이 있으면 호되게 야단을 쳤다. 서 있는 자세가 삐딱해지는 걸 막기 위해 바지 주머니에 손을 못 넣게 주머니를 모조리 꿰매기도 했다. 이런 시간을 일명 '세미나 시간'이라고 불렀다. 그 또한 세미나 시간에 중요한 인물이었다.

다 함께 군기를 잡을 때는 누구보다 엄하게 잡다가도, 아끼는 후배나 사정이 딱한 동생들에게는 한없이 인심 좋은 형이었다. 그리고 후배들이 심하게 야단맞을 상황에서 그가 반장한테 쓱쓱 사인을 보내면 야단도 좀 덜 맞았다. 똥반장의 영향력은 실로 대단했다.

그때는 수업이 끝나면 다 함께 학교 청소를 했다. 물론 그는 3년 내내 화장실 청소를 진두지휘하는 감독관이었지만, 다른 쪽 청소가 모두 끝나면 늘 그가 반을 대표해서 교무실로 가 담임선생님께 보고를 했다. 선생님은 따로 알릴 사항이 있거나 청소 상태를 검사해야 하는 날에만 그와 함께 다시 교실로 올라오셨고, 별 다른 일이 없을 때는 그에게 대표로 전달사항을 알렸다. 그럴 때면 운동장으로 뛰어나가 3층 교실 창문을 향해 "얘들아, 집에 가자" 하고 외쳤다. 친구들은 그의 책가방을 운동장에 던져주었고 그는 제일 첫 번째로 당당하게 운동장을 걸어 나왔다. 언제나 밝고 유쾌했다. 가정 형편은 어려웠지만 유한공고 학생으로서 세상을 다 가진 듯 마음만은 늘 부자였다.

세상에 안 되는 건 없다는 신념으로 시작한 사회생활

그는 유한공고 졸업 후 청계천 세운상가에 있는 조명가게에 취직했다. 전국에서 다섯 손가락 안에 드는 큰 가게로 직원도 40명이 넘었다. 그는 여기서 인정받고 싶었다. 이제는 제 손으로 돈을 벌어 어머니를 모셔야 한다는 생각에 죽기 살기로 일했다.

6개월 만에 제품 단가표를 다 외웠다. 그뿐 아니라 200곳이 넘는 거래처 전화번호도 싹 다 외웠다. 당시는 지금처럼 전화번호를 저장할 수 없었기에 수첩에 일일이 적어놓고 전화할 때마다 들춰보던 시절이었다. 그는 길을 걸을 때나 버스를 타고 다닐 때도 수첩을 보며 중얼중얼 전화번호를 외웠다.

"그게 될까 싶죠? 하면 됩니다. 이거 아니면 안 된다는 생각으로 하면 다 됩니다."

얼마 지나지 않아 다른 직원들도 거래처에 전화할 때마다 "어이, 범용아 ○○조명 몇 번이야?"라고 묻기 시작했고, 그의 입에서는 곧바로 전화번호가 술술 나왔다.

그는 그 초심을 잃지 않았고 구매와 판매 모두 그를 따라올 직원이 없었다. 사장이 다른 직원들 몰래 별도로 보너스를 살짝 주머니에 넣어주는 일꾼이 되었다. 이윽고 사장 다음으로 높은 직원인 부장까지 승진했다.

한 회사에서 15년 동안 한결같이 성실한 자세로 일한 그는 30대 중반에 독립을 해서 지금의 썬조명을 차렸다. 썬조명은 업계에서 한번 물건을 팔면 끝까지 책임지는 '믿을 만한 회사'로 정평이 나 있다. 그 신뢰 덕분에 지금까지 청계천 한복판을 굳건히 지키고 있다. 그는 유한공고 시절처럼 지금도 조명업계에서 인기가 무척 좋다.

"이 업계에 30년 넘게 있다 보니 아는 사람도 많아졌고 이 분야에 대한 전문지식도 많이 쌓였어요. 혼자 공부도 많이 했고요. 그래 서인지 저한테 뭘 물어보는 사람이 많아요. 그때마다 제가 경험하 고 익힌 걸 성심성의껏 알려줍니다. 저는 남들한테 힘을 주고 뭔가 도움을 주는 게 참 좋아요."

이범용 사장은 자신의 인생에서 가장 소중한 자산은 유한에서 자신을 가르쳐준 선생님, 그때 만난 친구들, 그때 배운 지식, 그때 온몸으로 익힌 성실과 정직이라고 말했다. 그리고 그때 받은 은 혜와 가르침을 유한공고 후배에게도 나눠주어야 한다고 생각했 다. 그래서 썬조명이 IMF 위기를 겪고 재기한 지 얼마 되지 않은 2001년부터 전기과 후배 한 명에게 3년간 장학금을 주었다. 그 학 생으로부터 받은 감사 편지를 그는 지금도 고이 간직하고 있다.

유한공고에서 맺은 인연과 배움을 평생 소중하게 여기고 자신이 유한공고 출신임을 자랑으로 여기는 이범용 사장. 그는 진정 유한 의 자랑이다.

뭐가 됐든 한번
미쳐보라

박노정

㈜TSP 대표

어느 날인가 밤늦게까지 유한양행에서 당직근무를 하던 홍병규는 황해도 시골에 있는 한 병원으로부터 다급한 연락을 받았다.

"큰 사고를 당해 사람이 죽어가고 있습니다. 수술을 해야 하는데 응급약이 모자랍니다. 급히 보내주시기 바랍니다."

"알았습니다. 기다려보세요."

하지만 그곳은 기차도 서지 않는 조그만 동네였다. 홍병규는 급한 대로 회사의 창고 문을 열고 필요한 약을 꺼낸 뒤 몇 겹의 솜으로 정성스럽게 싼 약을 가지고 쉬지 않고 역으로 뛰었다. 마침 기차가 출발하는 순간이었다.

"기관사님, 이 약을 황해도에 좀 부탁드립니다."

"기차가 서지도 않는데 어떻게요?"

"솜으로 쌌습니다. 미리 그곳에 연락해 둘 테니 던지기만 하면 됩니다."

몇 시간이 지나자 시골 병원에서 연락이 왔다.

"보내주신 약 잘 받았습니다. 수술도 무사히 끝나 목숨엔 지장이 없습니다. 정말 고맙습니다."

이렇게 유한양행에 다급하게 약을 찾는 일은 한 달에도 몇 차례씩 일어났다. 이익은커녕 손해나는 일이지만 유일한은 고집스럽게 직원들의 24시간 근무체제를 이어나갔다.

10년 전 문을 연 ㈜TSP는 특화된 기술력을 바탕으로 무서운 기세로 떠올라 현재는 자동차 부품업계의 신성(新星)으로 통한다. 이 회사의 창업자로서 탄탄한 성장을 이끌어온 박노정 대표는 기술에 대해 남다른 자부심을 갖고 있었다.

그가 이처럼 열정적인 인생을 살면서 사업도 성공시킬 수 있었던 원동력은 무엇일까? 그는 서슴지 않고 '유한공고의 정신'을 꼽았다. 박 대표 역시 유한공고의 진정한 후예였다.

그는 어릴 때부터 기계 만지는 걸 좋아했다. 동네에 작은 공장을 운영하거나 근무하는 친한 형들도 많았다. 그래서인지 공부는 잘했지만 대학에 진학하기보다 빨리 기술을 배워 취직하고 싶었던 그는 자연스레 공고 입학을 결심했고, 명문 유한공고에 입학했다.

학교생활은 엄격했고, 특히 실습실은 신성한 기운이 감돌 정도였다.

"실습하는 기계를 정말 귀하게 다뤘어요. 쇠를 깎으면 부스러기가 바닥에 많이 떨어지는데 그게 선생님 신발에 밟히거나 묻으면 그날은 운동장에 나가 얼차려를 받았어요. 어떨 때는 선생님께서 저희더러 교복의 하얀 깃을 떼서 기계를 닦아보라고 하실 때도 있었는데 만약 그 깃에 뭔가 묻어 있으면 호되게 야단맞았습니다. 실습실이나 기계 청소를 그 정도로 했으니 실습은 어땠겠어요? '이 정도면 됐다'라는 게 없었습니다. 정해놓은 기준에 딱 맞지 않으면 실습실에서 나올 수도 없었어요."

삼엄하리만큼 엄격한 분위기에서 실습을 했기 때문일까. 유한공고는 다른 공고보다 시설은 좋지 않았지만 실력 면에서는 단연 우수했다.

볼보 트럭을 열어 내가 만든 부품을 확인하는 기쁨

졸업 후 그는 한국화약 창원공장 공작기계부에 입사했다. 학교에서도 실습 성적이 뛰어난 편이었던 그는 곧바로 일에 적응해 젊은 일꾼으로 인정받았다. 하지만 그의 마음에 딱 하나 걸리는 게 있었다. 회사가 대졸 관리직과 고졸 현장직에게 임금을 주는 방식이 달랐기 때문이다. 대졸 관리직은 한 달 동안 일을 하면 그달 열흘치를 미리 주는 반면, 현장직은 한 달 동안 꼬박 근무해도 그 다음 달에 임금을 주는 식이었다. 어쩔 수 없는 차별이 존재했던 것이다. 그는 공부를 더 하기로 결심하고 주경야독으로 창원전문대를 졸업했다.

그는 첫 직장을 그만둔 후 연화정밀에 들어갔다. 자동차 부품업계에 첫발을 내딛게 된 것이다. 그는 기계 개발 업무를 담당했는데 '일 잘하는 사람'이라는 평판을 넘어 '일에 미친 사람'으로 통했다. 특히 철판의 형태를 바꿔주는 기계인 '포밍'을 만드는 데 독보적인 기술을 갖춰나갔다.

연화정밀에서 근무한 지 12년여가 될 무렵, IMF 외환위기로 부품업계도 줄줄이 도산했고 연화정밀도 부도를 맞았다. 이후 그는 경기가 채 회복되기도 전인 2000년, 기술력 하나만 믿고 시화공단에서 TSP를 창업했다. 하지만 장치산업이라 자재와 설비를 들이는 데 큰돈이 필요했다.

"경기도 중소기업청장을 하던 허범도 선생을 그때 알게 되었어요. 그분은 매일 중소기업 한 곳을 방문하셨는데 시화공단에 오신 길에 우연찮게 저희 회사에도 오시게 됐어요. 그때 우리가 갖고 있는 기술과 협력업체에 대해 이야기하면서, 자금이 부족해 어려움을 겪고 있다고 솔직하게 털어놓았어요. 허 선생은 찬찬히 기술에 대해 살펴보시더니 '내일 은행 직원을 한 명 보낼 테니 그 사람에게도 오늘처럼 설명을 잘해보라'고 하시더군요. 그분의 도움으로 은행에서 대출을 받을 수 있었습니다. 지금까지도 그분을 은인으로 여기며 연락하며 지내고 있습니다."

창업한 지 1년이 지나자 수출도 하게 되었다. TSP는 포밍 기술 특허를 보유해서 그 방면에서는 독보적인 기술력을 자랑하는 회사가 되었다. 예전에는 철판의 모양을 바꾸려면 철을 녹여서 다시 만들 수밖에 없었는데 TSP의 프레스 가공 기술을 통해 철을 녹이지 않고도 철판의 모양을 바꿀 수 있게 된 것이다. 주물로 만든 부품에는 미세한 구멍들이 있어 벨트로 부품들을 이었을 때 벨트가 쉽게 마모되는 반면, 프레스 가공을 통해 생산된 부품은 구멍 없이 평평하기 때문에 벨트가 손상되지 않는다.

"예전에는 자동차의 팬벨트가 끊어지면 스타킹으로 묶어 임시 조치하라는 말들을 많이 했습니다. 실제로 그렇게 운행한 차도 많아요. 그런데 요즘은 그런 말 안 합니다. 프레스 가공으로 부품이 생산되니까 벨트 수명이 폐차할 때까지 가거든요. 덴퍼 케이스라는 게 있어요. 엔진이 돌면 진동이 생기는데 그 진동을 대신 흡수해서 차체에는 진동을 전달하지 않는 기능을 하는 건데, 저희가 그 부분에도 기술을 갖고 있습니다."

우리나라의 자동차 기술력이 지금처럼 진보한 것은 TSP처럼 작지만 독보적인 기술력을 가진 부품회사들과 '기계에 미친' 젊은이들의 노력이 있었기에 가능했다. 박 대표는 무엇이든 하나에 빠지면 무섭게 파고드는 사람이다. 기계 하나에 매달리면 집을 코앞에 두고도 6개월간 회사에서 숙식하며 기계만 들여다보며 지냈을 정도다. 손에 기름이 묻어 있지 않을 때가 없었고 손톱 사이에 기름때가 끼지 않은 날이 없었다. 그 결과 창업 당시에 보유하고 있던 단면 프레스 가공 기술을 한 단계 더 발전시켜 현재는 입체적으로 바꾸는 데도 성공했다.

"한번은 우리 물건을 실으러 볼보 트럭이 왔어요. 저희 제품이 수출되어 볼보 트럭에도 들어갔거든요. 너무 기쁜 마음에 차의 보닛을 열어 우리 부품이 들어 있는지 확인했습니다. 자식을 만난 것처럼 반갑더군요. 국내 자동차회사와 외국 자동차회사 몇 군데에도 우리 부품이 들어가는데 길에서 그 차들을 보면 그렇게 흐뭇할 수가 없습니다. 자동차 부품 하는 사람은 그런 보람으로 삽니다."

열심히 하면 그 다음은 하늘이 돕는다

2000년에 창업한 TSP는 무서운 기세로 커나갔고, 2003년에는 '수출 100만불상' 수상에 이어 'ISO140011 환경경영' 인증까지 받는 영예를 누렸다. 2004년에는 '수출 300만불상'을 수상했고 'TS16949/ISO9001 품질경영' 인증도 받았으며, 산업포장(産業褒章)도 수상했다.

하지만 그에게도 큰 위기가 있었다. 2005년 무렵, 환율이 심하게 떨어졌을 때 아무리 잘 만들고 잘 팔아도 한 달에 1억 원씩 손해가 났다. 혼자 잘한다고, 기술만 좋다고 다 되는 게 아니란 걸 그때 절감했다.

걷잡을 수 없이 손해가 누적되자 거래처에 대금 지불도 어려웠고 회사 살림은 그야말로 엉망이었다. 평소 형·동생 하던 외주업체 사장이 돌연 TSP 일은 하지 않겠다며 거래를 끊기도 했다. 박대표는 친척들에게 매달리다시피 하면서 도움을 청해봤지만 허사였다. 그렇게 이리저리 도움을 구하러 다니다가 해가 지면 시화공단 바로 옆 오이도 방파제에 앉아 한숨만 쉬면서 몇 달을 보냈다.

그러던 중 협력업체인 한 다국적기업에서 도움의 손길을 건넸다. TSP가 독보적인 기술력을 갖고 있음에도 불구하고 운영이 제대로 되고 있지 않다고 판단해 회사 자체에 관심을 가진 것이다. 국내 유명 회계법인이 회사에 일주일간 상주하면서 회계 감사를 했다. 회사의 경영 상태와 기술력에 대해 면밀히 분석했다.

얼마 후 환율 변동에 따른 단가를 조정해주겠으니 공장을 정상 가동시키고 제품을 납품하라는 연락이 왔다. 보통 자동차 부품은 수출하면 배에 선적하고 120일이 지나야 돈이 들어오는 게 관례다. 자동차에 모두 장착한 다음 양품인지 불량품인지 확인한 다음 돈을 지급하는 것이다. 그런데 그 다국적기업은 배에 실은 후 바로 돈을 지급하겠다는 게 아닌가.

"정말 고마웠습니다. 피를 나눈 형제, 수십 년을 함께 기름밥 먹은 사람도 나를 안 도와줄 때 말도 안 통하는 외국 회사가 나를 도와준다는 게 믿을 수 없을 정도로 놀라웠고 고마웠습니다."

한 차례 위기를 겪은 후에는 제품 품질뿐만 아니라 납기일, 단가 등 모든 면에서 더 월등히 좋은 수준을 유지하기 위해 각고의 노력을 기울였다. 그 결과, 2005년에는 드디어 '수출 500만불상'을 수상했다.

이런 위기를 극복하는 과정에서 그는 공부의 필요성을 절감했다. 배움에 대한 열정이 남달랐고, 특히 기술에 관해서는 늘 열린 자세로 공부해왔기에 한국산업기술대 3학년에 편입해서 졸업한 후, 한국산업기술대 석사과정에 입학하기도 했다. 그리고 1년에 한 번 이상은 외국 거래처를 방문해서 해외 동향도 면밀히 파악하고 있다. 특히 자동차 부품 기술에서 가장 앞서 있는 유럽시장의 흐름을 부지런히 살핀다.

영어 공부도 시작했다. 인사말 정도는 영어로 해야겠다는 생각에서 새벽 6시에 회사 앞 영어학원에서 수업을 받기 시작해 지난

4년간 하루도 빠지지 않고 다녔다. 직원들에게도 학원비를 보조해 주면서 영어 공부의 필요성을 강조했다.

"외국 바이어들과 기술 미팅을 할 때 제가 영어를 아예 모르니까 전적으로 통역하는 사람에게 의지할 수밖에 없어요. 그런데 아쉬움이 생기더군요. 제가 한 말을 그대로 뜻에 맞게 옮기기는 하겠지만 제 마음까지 전달되지 않잖아요. 미팅을 할 때 제 마음은 아주 간절해요. '최선을 다하겠다', '꼭 좋은 품질로 약속을 지키겠다' 사장의 이런 말 한마디는 가슴으로부터 나오는 말입니다. 그런데 통역하는 사람은 그런 마음까지 전달할 수는 없어요. 그래서 내가 직접 내 마음을 전달할 수 있을 때까지 영어 공부를 하기로 마음먹었습니다."

매출이 100억 원을 넘어서고 당진에 자체 공장도 단단하게 지었다. 이 정도면 사장은 외부 활동에 바쁠 법도 한데 그는 늘 회사와 공장을 지킨다. 몇 해 전에는 회사가 커나가는 데 맞춰서 회사의 역량을 더 키우기 위한 경영 지식을 배우기 위해 모 대학교 경영대학원에 입학하기도 했다. 하지만 막상 입학해보니 공부보다 네트워크에 주력하는 커리큘럼이 마음에 들지 않아 과감히 그만두었다. 대신 경영 부분은 종종 전문 컨설팅업체의 도움을 받고 있다.

그는 천생 '기술자'다. 지금도 공장 기계 앞에서 부품이 생산되어 나오는 것을 보는 게 가장 즐겁다고 한다. 자식들이 어렸을 때 함께

한 추억이 거의 없고, 부인조차 남편은 으레 일밖에 모르는 사람으로 여길 정도로 기계에만 미쳐 살았다.

"유한공고 시절 배운 기술과 기술을 대하는 엄격한 자세 덕분에 여기까지 왔습니다. 그때는 혼나지 않으려고만 애썼는데 지금 돌이켜보면 그때 배운 기술과 자세가 제 인생의 큰 자산이 되었어요. 후배들도 그 옛날 우리들처럼 열심히 배우고 익혔으면 좋겠습니다. 그리고 뭐가 됐든 한번 미쳐보라고 말하고 싶어요. 포기하지 말고 한길을 끝까지 가봤으면 좋겠어요."

유한에서 배운 실력으로
디스플레이 명가를 이루다

소진석

SAT 대표

조국으로 돌아갈지 미국에서 취직을 할지 고민하다 제너럴일렉트릭에 회계사로 취직하기로 결심한 일한. 서재필 박사는 그의 어깨를 두드리며 격려해주었다. 회사에 취직한 지 1년이 되었을 때, 어느 날 사장이 일한을 불렀다.

"유일한 씨, 나는 지난 1년간 당신을 주의 깊게 보아왔소. 당신의 능력과 성실성을 높게 평가합니다. 그래서 회사는 중요한 결정을 내렸습니다. 이번에 회사가 시장을 동양으로까지 확대하려고 하는데 유일한 씨가 현지 책임자로 일해주면 좋겠소."

회사에 들어온 지 1년 만에 그런 행운이 주어지다니 벼락출세나 다름없었다. 그러나 일한은 선뜻 내키지 않았다. 고민에 고민을 거듭하다가 결심했다.

'제너럴일렉트릭은 미국 회사다. 평생 미국 회사에 얽매여 살게 되면 내가 식민지 조국을 위해서 할 수 있는 일은 없다. 그럴 수는 없다.'

며칠 후, 그는 사표를 냈다. 주위 사람들은 모두 눈이 휘둥그레졌고 그를 이해하지 못했다. 하지만 그에게는 더 큰 포부와 더 큰 능력이 있었다.

대한민국 디스플레이업계에서 최고의 실력자로 통하는 SAT 소진석 대표. 그는 유일한 박사가 직장생활을 할 때 보여준 근면 성실한 태도와 훗날 사업가로 남다른 수완을 발휘할 때의 열정적인 모습을 고루 갖추고 있었다. 소 대표는 무엇이 됐든 '해야겠다'고 결심하면 그 순간부터 온 정신을 집중해서 기어이 해내고야 마는 집념의 사나이로, 이 시대의 젊은이들에게 인생의 멘토가 되기에 충분한 사람이었다.

중학교에 입학할 때만 해도 소 대표는 소위 공부 못하는 아이였다. 그런데 중학교 생활에 서서히 적응해갈 무렵, 번뜩 '나도 공부를 한번 해볼까, 한다면 잘해봐야겠지' 하는 마음이 슬슬 들었고 곧장 결심하게 되었다. 그는 뭐든 결심을 하면 무섭게 몰입해서 해내는 사람이었다.

평생 습관을 만들어준 유한의 생활

"그때 이런저런 이유로 공부를 잘해야겠다는 결심을 했어요. 그러
고는 3년 동안 4시간 이상 자본 적이 없어요. 우스갯소리로 쌍코피
터진다고 하죠. 진짜 그랬어요."

유쾌하고 편안한 표정으로 말을 했지만 그 미소 속에는 왠지 모
를 강한 집념이 느껴졌다. 그렇게 공부해서 졸업할 때쯤에는 상위
10퍼센트에 속하는 우등생이 되었다. 담임선생님이 유한공고에
그를 추천해주었고 그는 기계과에 우수한 성적으로 합격했다.

"중학교 시절 3년 내내 그렇게 공부에 매달리다 보니 그게 습관
이 되더군요. 고등학교에 가서는 그때만큼 독한 마음으로 공부하
지는 않았지만 저도 모르게 공부하는 게 습관이 되더라고요. 그랬
더니 성적도 상위 1퍼센트 안에 들더군요. 사실 공부라는 건 억지
로 할 수 있는 게 아니에요. 끼니 때마다 밥을 먹듯 습관이 되어야
하고, 스스로 흥미를 찾을 수 있어야 진짜 공부가 되는 거예요. 그
래서 저는 습관을 무척 중요하게 여깁니다."

그에게 유한의 생활이 만들어준 습관은 하나 더 있다. 바로 '성실

과 정직'이다. 당시는 잘 몰랐는데 학교를 다니는 동안 그 가르침이 몸과 마음에 완전히 습관처럼 밴 것이다. 당연히 졸업 후 직장생활을 할 때도, 사업을 할 때도 성실하고 정직한 삶의 태도는 습관처럼 그를 지탱해주었다.

그는 학교 수업이 끝난 후에도 밤늦도록 공부를 했다. 선배들이 직접 가르쳐주었다. 당시에는 선후배 간의 기강이 무척 센 시절이어서 선배들은 공부도 엄격하게 가르쳤다. 그는 부지런히 배웠다. 그렇게 공부해서 주로 2학년생들이 따던 기계제도기능사 자격증을 1학년 때 땄다. 시력이 급격히 나빠져 버스 번호가 안 보일 정도로 공부한 결과였다.

당시 유한공고는 자타공인 명문학교로, 학생들도 어디서나 귀하게 대접받았다. 그는 교복을 입은 마지막 학년이었는데, 교복을 입고 버스에 타면 어르신들이 "좋은 학교에서 열심히 공부하는 학생이구먼, 여기 앉아서 가거라"하면서 자리를 양보해줄 정도였다.

"유일한 박사의 훌륭한 업적 덕분이지요. 그분의 뜻으로 설립된 학교이고 선배들도 워낙 그 뜻에 따라 성실하게 최선을 다했기 때문입니다. 유한공고 학생들은 남다른 자긍심을 갖고 있어요."

유한의 DNA로 이루어낸 사업 성공

대학 진학의 꿈을 잠시 접은 1987년, 그는 '상림'이라는 작은 회사에 입사했다. 서른 살 무렵의 취직은 큰 '선택'이었다. 그는 상림에서 18년 동안 일했다. 그 회사는 지금 그가 대표로 있는 SAT의 전신이기도 하다. 상림의 대표는 LG의 전신인 금성에 공채 1기로 입사해, 20년 넘게 일하다가 퇴사한 후 이 회사를 창업했다. 지인의 소개로 대표를 만나 이야기를 나누던 중에 30분 만에 서로 'OK'했다.

"그분에게서도 큰 영향을 받았어요. 두 번째 회사 상사로부터는 독종으로 일하는 방법을 배웠다면, 이분으로부터는 즐겁고 유쾌하게 사람을 대하는 방법을 배웠지요. 대표는 인하대학교 총학생회장을 지낸 분인데 오락을 무척 중요하게 여기셨어요. 실제로 누구와 있든 분위기를 유머러스하게 이끌어나가셨어요. 실력도 출중한 분이셨죠."

소 대표는 모시는 상사들의 좋은 점을 보고 배워 자신의 성격과 습관으로 만들어나갔다.

상림은 공장 자동화 설비를 하는 회사로, 당시 산업계의 자동화 붐을 타고 급속하게 성장했다. 소 대표는 초창기에 설계업무를 하다가 기술영업 일을 하게 되었는데 사업별로 팀이 쪼개지면서 사업부장을 맡게 되었다. 그러다가 2003년 해당 사업부가 분사하면서 지금의 SAT를 이끌게 되었다.

상림이 공장 자동화 설비만으로도 잘나가던 1990년대 초반, 그는 사업 다각화를 주장했다. IT의 두 축인 반도체와 디스플레이 사업에 눈을 떴고, 그는 상림이 디스플레이 분야에 진출해야 한다고 생각해서 그쪽 사업을 시작했다. 그러다 2000년대 초반, 상림이 다른 회사와 인수합병을 하자 그 무렵 소 대표는 자신이 이끌던 디스플레이 사업부를 분사시켜 독립했다.

"그때 유한공고 정신이 빛을 발하더군요. 그동안 성실하고 정직하게 일해온 시간이 헛되지 않았다는 걸 깨달았어요. 처음에는 자본금도 없어서 부품업체에 대금도 못 줬어요. 하지만 부품업체는 저를 믿고 대금도 받지 않고 수억 원어치의 부품을 대줬어요. 그런 도움 덕분에 1년 만에 100억 원대 매출을 달성했습니다."

그는 직원들에게는 세 가지 약속을 했다. 첫째, 6개월 동안은 월급의 50퍼센트만 주지만 6개월 후에는 자신의 집을 팔아서라도 보상해주겠다고 약속했다. 둘째, 10년 이상 지속될 회사를 만들겠다고 다짐했다. 셋째, SAT는 내 회사가 아니라 우리 모두의 회사이므로 반드시 상장을 하겠노라고 약속했다. 그는 직원들과의 약속, 부품업체와의 약속을 모두 그 이상으로 지켰다.

LG의 하청업체 회사로부터 일을 받아서 하는 2차 벤더로 시작한 회사는 2년 만에 1차 벤더로 협력관계를 맺었다. 그러다 해외시장을 개척해서 대만, 중국, 일본의 메이저급 기업과 협력관계를 넓혀나갔다. SAT는 휴대폰의 디스플레이창과 반도체 회로를 연결하는 핵심장비로 시작해 점차 기술을 확대해 10년간 지속적인 성장을 하며 발전했다. 현재 시장의 80퍼센트 정도를 점유하고 있으며, 코넥스에도 등록되어 있다. 지금 그는 10년이 아닌, 100년 이상 지속되는 회사를 설계하고 있다. 물론 몇 차례 어려움을 겪기도 했다.

2007년 무렵, 고객 단일화로 인해 첫 번째 위기를 맞았다. 그때부터 소 대표는 고객층을 확대하고 해외시장을 개척해야겠다는 생각을 했다. 온 직원이 똘똘 뭉쳐 해외시장을 개척했고, 2009년에는 수출 1,000만 달러를 달성했다. 2010년에는 한국디스플레이산업협회 회장상을 수상하는 영예를 누렸다.

두 번째 위기는 내부 갈등이었다. 직원이 늘어나면서 직원들 간에 문화적 충돌이 심각했다. 이 진통은 무려 3년간 지속되었다. 그는 더 이상 가족적인 회사문화를 고집해서는 안 되겠다는 판단을 내렸다. 대표인 자신부터 공정하고 객관적인 시각으로 직원을 대하고 경영해야 함을 배웠다. 이런 노력 끝에 회사는 다양성에서 비롯되는 시너지까지 가지면서 한층 더 성장하게 되었다.

세 번째 위기는 2011년 경제위기로 인한 매출 감소에서 비롯되었다. 당시 회사는 매출 500억 원을 달성할 정도로 급성장했지만 외부 환경에 큰 타격을 받을 정도로 내부 역량은 취약했던 것이다.

이제는 SAT가 중소기업에서 중견기업으로 가기 위한 노력을 시작해야 할 때임을 깨달았다.

그는 위기 때마다 배우고 깨닫고 실천했다. 100년 이상 지속되는 기업을 만들겠다는 그의 확고한 결심과 자신감은 이런 자세에서 비롯된 것이다. 그는 개인의 성공과 회사의 성장은 전적으로 신뢰를 바탕으로 만들어진다고 말했다.

"단언컨대, 신뢰는 성실과 정직에서 생깁니다. 어떤 경우에도 성실하고 정직해야 합니다. 그런 태도로 일하다 보면 신뢰가 생기고, 더 큰일을 도모하게 됩니다. 약속은 무조건 지켜야 합니다. 우리는 상황이 바뀌었다고 조건을 바꾸지 않습니다. 그래서 우리 회사와 한번 거래를 맺으면 계속 같이 갈 수밖에 없어요. 대부분의 회사는 거래처를 새로 뚫으면 기존 거래처와는 협력관계가 끊기는 경우가 허다합니다. 우리는 그렇지 않아요. 한번 인연을 맺은 거래처, 협력업체와는 계속 갑니다."

그는 한번 결심하면 반드시 해내고, 약속한 것은 기필코 지키는 사람이다. 그렇다면 공부를 해야겠다는 결심은 어떻게 되었을까.

"서울대학교가 아니면 다른 학교에는 가지 않겠다고 생각했었습니다. 그런데 상림에서 직장생활을 하다 보니 일이 많아서 입시 준비까지 한다는 게 쉽지 않았어요. 하지만 공부를 해야겠다는 마음은 더 커졌어요. 그래서 동양공전에 입학했습니다. 스스로도 참

잘한 선택이라고 생각했어요. 많이 배웠거든요. 사업을 시작한 후에는 전보다 더 바빠졌지만 공부에 대한 욕구는 더 커졌어요. 그래서 한국산업기술대학교에 편입해서 대학원까지 마쳤습니다. 전 진짜 논문을 쓰고 졸업한 사람이에요. 하하. 언젠가 서울대학교에서 박사학위를 받는 게 목표이자 꿈입니다."

소 대표는 성실과 정직이라는 유한인의 정신을 바탕으로, 한 발 한 발 스스로 사업과 인생을 발전시켜온 사람이다. 그의 사무실 가장 중요한 자리에는 자신의 경영이념을 담은 글이 걸려 있다.

'성실과 신뢰를 바탕으로 하는 기업, 도전과 창조로 변화를 추구하는 기업, 사회적 책임을 다하는 기업'. 이는 바로 그가 유한공고에서 배운 정신 즉, 유일한 박사가 유한양행을 설립한 정신이기도 했다.

미국 대형 출판사도 감동한
신용과 성실

허웅복

세계한인무역협회 샌프란시스코지회 이사

"그래, 장사를 해보자. 내가 직접 만들어 기업을 일으켜 세워보는 거다."
유일한 박사는 엉뚱하게도 숙주나물 장사를 시작했다. 유학 시절 미국에 있는 중국인들의 주식은 만두였다. 유럽 출신 미국인들도 만두는 곧잘 먹었다. 만두 맛을 제대로 내려면 숙주나물이 필수다. 문제는 숙주나물이 부족하다는 것이다. 일한은 미국 곡창지대인 오하이오 주에서 대량으로 녹두를 사다가 숙주나물을 키워 팔기 시작했다. 예상대로 잘 팔렸다.
그런데 숙주는 금세 시들어서 보관이 쉽지 않았다. 낮에는 배달, 밤에는 보관방법 연구, 그야말로 눈코 뜰 새 없는 나날을 보냈다. 필요는 발명의 어머니, 실패는 성공의 어머니라고 했다. '안 되면 또 해보고, 그래도 안 되면 다시 하면 된다'는 뚝심으로 끝내 숙주를 통조림화해서 유통시키는 방법을 발굴해냈다. 결과는 대박이었다. 숙주 통조림은 날개 돋친 듯 팔려나갔다. 그의 회사 라초이 식품회사는 승승장구하며 거침없이 뻗어나갔다. 디트로이트는 물론 오하이오 주, 시카고까지 라초이 식품회사의 제품이 팔려나갔다. 뉴욕 등 미국 동부 대도시에서도 주문이 들어왔다.

"두려울 게 뭐 있어요? 나 유한공고 출신인데. 하하."

점잖은 외모에 호탕한 성격을 지닌 허웅복 회장은 인터뷰 중간에 자신의 학창 시절 이야기를 꺼낼 때는 어린아이처럼 천진난만한 눈빛을 보이기도 했다. 그는 미국에서 맨손으로 사업을 성공시킨 유일한 박사의 신화를 재현해낸 졸업생이다.

허 회장은 충남 보령, 안면도 바로 앞 천수만에서 태어나 자랐다. 10리는 걸어 나가야 타지로 가는 버스를 탈 수 있었고, 그것도 하루에 두 번밖에 오지 않는 외지였다. 그곳에서 초등학교를 졸업한 후 1년 동안은 농사를 지으며 보냈다. 인근에 중학교가 없었기 때문이다. 그러다가 작은아버지 집에서 살며 겨우 중학교를 졸업했다. 고등학교 입학은 꿈도 못 꿀 처지였다. 하지만 이 똑똑한 소년

에게도 유한공고 진학의 기회는 찾아왔다. 중학교 선생님의 추천
으로 당당히 입학하게 된 것이다.

영어, 인종차별 그런 건 실력 앞에선 아무것도 아니에요

특유의 긍정적이고 밝은 성격 탓인지 허 회장은 그 가난하고 힘든
시절도 무척 재밌었다고 회상했다. 중학교도 못 갈 뻔했는데 고등
학교까지 진학했고, 그것도 서울로 올라와 학교를 다녔으니 모든
게 꿈만 같았다는 것이다. 허 회장은 당시만 해도 판자촌이었던 목
동에서 자취를 했다. 그때는 모두 다 가난했던 시절이라 못 먹고 못
입는 걸 창피해할 필요도 없었고 숨길 것도 없었다. 근처에 자취방
을 얻어 사는 친구들이 많았는데 주로 신문 배달을 하며 생활비를
벌었고 가정교사를 하는 친구들도 있었다.

"시골 촌놈이 서울에 와서 고등학생이 되고 나니 세상이 전부 내
것 같았어요. 그런데 한 가지 고민이 있었어요. 아무리 열심히 해도
성적이 맨날 바닥에서만 맴도는 거예요. 시골에서는 설렁설렁 공
부해도 늘 전교 5등 안에는 들었는데 도무지 영문을 알 수가 없었
죠. 그러다 얼마 지나지 않아 저절로 알게 됐습니다. 전국 각지에서
공부 잘하는 아이들이 죄다 와 있었던 거예요. 그리고 다들 무시무

시하게 열심히 공부했어요. 우리 후배들은 더 열심히 했어요. 전공 과목 공부에 실습까지 하면서도 인문계 공부까지 해서 11회 때는 서울대만 23명이나 붙은 적도 있었어요."

9회 졸업생인 허 회장. 그때만 해도 선배들의 노고에 힘입어 학교는 더욱 안정되어 있었고, 본연의 제 모습을 다 갖춘 상태였다. 그래서인지 학생들은 더욱더 공부에 열중했다. 선생님이 공부하라고 다그쳐서가 아니라 다들 알아서 열심히 했다. 쉬는 시간에도 화장실 가는 몇몇을 빼고는 움직이는 아이들이 없을 정도였다. 모두 그대로 책상에 앉아서 계속 공부만 했다. 그는 졸업 후 쌍용 자재과에서 몇 해 근무하다가 이민을 결심했다. 좀 더 큰 세상으로 나가고 싶었다. 그런데 당시 많이들 가던 중동은 왠지 한시적인 것 같았고, 영구적으로 자신의 능력을 펼치기에는 미국이 더 좋겠다는 판단을 내리고 훌쩍 미국으로 떠났다.

신용과 성실로 이룬 아메리칸드림

미국 땅을 밟자마자 허 회장은 겁도 없이 직장을 찾기 시작했다. 밝고 친화적인 성격 탓인지 영어도 잘 못하고 아는 사람도 한 명 없는 낯선 땅이었지만 아무런 두려움이 없었다. 첫 직장은 대형 출판사

맥그로힐의 인쇄소였다. 그는 몇 달 만에 그곳에서 독보적인 존재가 되었다. 당시 미국 인쇄소 일은 막노동과도 같았다. 그렇지만 허회장은 스스로 '나는 명문 유한공고 출신이고, 한국에서 다들 선망하는 직장도 다녔던 사람이다. 영어만 못할 뿐 나는 일만큼은 그 누구보다 잘할 수 있고 잘해낼 것이다'라며 각오를 다졌다.

그가 맡은 업무는 운전기를 돌리는 일로, 몇 달 만에 다른 작업자들보다 속도와 성과에서 월등히 앞섰다. 생산량이 워낙 좋으니 인쇄소에서 얼마 후에는 그에게 '홀 리더(Whole leader)', 우리나라로치면 반장 격의 리더 역할을 맡겼다.

"재미있는 일화가 있어요. 제 이름 중간자가 '웅(Woong)'인데, 그걸 어떤 사람이 잘못 읽었는지 '왕'이라고 하더라고요. 다른 사람들도 그렇게 따라 부르게 되면서 제 이름은 그냥 '왕'이 되었어요. 전 나름대로, 그래 나는 여기서 왕이다. 그렇게 생각했어요. 지금까지도 미국사람들이 저를 '왕'이라고 부릅니다. 하하."

영어는 여전히 서툴렀지만 일만큼은 그 누구보다 잘해냈고, 또 스스로 왕이라는 생각을 해서인지, 인쇄소 작업 프로세스도 개선해보고 싶다는 생각을 하게 되었다. 몇 달 근무해보니, 인쇄소에 규율이라고는 찾아볼 수가 없었다. 이렇게 주먹구구로 일할 게 아니라 체계를 세우고 규율을 잡아보고 싶었다. 그래서 '직원 관리(Personal Control)', '자재 관리(Material Control)' 두 가지 영역에서 일이 개선될 때 얼마나 효율이 더 좋아지는지에 대해 그래프까지 그려가며 전략을 세웠다. 나름 업무 매뉴얼 같은 걸 만들어 회사에 보여줬다.

회사의 반응은 상상 이상이었다. 뉴욕에 있는 맥그로힐 본사에서 그를 스카우트하려고 적극적으로 나섰다. 진급을 시켜주고 데려가겠다는 것이었다. 사실 그 무렵, 그는 미국 우체국 시험에도 합격했다. 당시 인쇄소에서는 시간당 3달러를 받고 일했는데 우체국은 시급을 15달러나 준다고 해서 지원했던 것이다. 하지만 그는 뉴욕에 가지도 않았고 우체국에도 입사하지 않았다. 그는 사업을 해보고 싶었다. 당시 미국에서 알고 지낸 친구 중에 사업을 하는 사람이 있었는데 그 친구를 보면서 좀 더 큰 성공을 위해서는 직장생활보다 사업을 해야겠다고 판단한 것이다.

"직장생활을 통해 크게 인정을 받고 나니, 자신감이 생기더군요. 동양인에다 영어도 못하지만, 일만 잘한다면 실력만 좋다면 얼마든지 성공할 수 있겠다 싶더군요."

그는 곧바로 신발사업을 시작했다. 당시 이민자들이 주로 하던 사업 아이템 중 하나로, 신발을 제작해서 파는 것이었다. 신발사업에서도 그의 전략은 남달랐다. 다른 이민자들은 가게를 열고 열심히 제품을 만들어서 오는 손님을 상대로 조용히 팔았다. 반면 그는 가만히 앉아서 손님을 기다리지 않았다. 홍보, 즉 '퍼블릭 커뮤니케이션'을 적극적으로 했다. 그래서 어느 학교 MBA 과정 교직원들, 또 특정 농구팀 등과 스페셜 계약을 맺기도 했다. 제작 노하우가 좀 더 쌓인 후에는 병원 정형외과와 계약을 맺고 장애가 있는 사람들을 위한 신발을 제작해 공급하기에 이르렀다. 이렇게 활발히 사업을 한 결과, 6년 만에 매장을 3개나 경영하는 데 이르렀고 매출도 상당했다.

끝없는 도전과 아이디어로 위기를 기회로 바꿔라

그 무렵, 그는 또다시 큰 결심을 했다. 지금까지 직장생활을 통해 자신감을 얻었고 신발사업을 통해 어느 정도 재산을 일구었다면 이를 바탕으로 좀 더 큰 사업을 해보고 싶었던 것이다. 신발사업을 접고 다른 사업을 하기로 결심했다. 그가 선택한 아이템은 리테일 스토어, 그중에서 리쿼스토어(Liquor Store)였다. 이 무렵 그는 여러 가지 사업 아이디어가 샘솟았는데 그 비결은 '내가 불편한 게 많아서였다'고 말한다.

"패스트푸드점에 가면 차를 타고 주문하는 '드라이브 스루(Drive Through)'가 있잖아요. 거기서 주문할 때, 저 같은 외국인은 애를 참 많이 먹어요. 미국은 여기랑 달리 주문하는 게 좀 복잡한 데다 미국사람들과 똑같이 이야기한다고 해도 점원은 잘 못 알아들어요. 어제 가서 한 걸 오늘 또 가서 그대로 하는데도 못 알아들어요. 그래서 버거킹 매장 점주한테 한 가지 아이디어를 냈어요. 메뉴를 1번, 2번, 3번 이렇게 해놓고 원, 투, 스리만 대면 곧바로 먹을 수 있게 해보면 어떻겠냐고요. 지금이야 다들 그렇게 하고 있지만 그때만 해도 그런 게 없었거든요. 그 버거킹 매장은 바로 도입했고 대박이 났어요."

그는 자기 사업을 할 때도 늘 이것저것 참신한 아이디어를 많이 냈다. 리쿼스토어에도 '드라이브 스루'를 도입했는데 그 역시 성공적이었다. 유난히 추운 콜로라도 지역에 사는 사람들은 겨울이 되면 밖으로 덜 다니는데 이 시스템을 도입하니 당연히 손님이 늘었다. 또 어린아이들을 데리고 술 사러 오기를 망설이던 사람들을 대거 손님으로 유치했다. 이렇게 해서 콜로라도 전역에서 허 회장의 가게는 매출 6위를 하는 매장으로 등극했다.

리쿼스토어를 하는 동안에도 그는 결코 한자리에 머물지 않았다. 신용이 좋았던 그는 개발업자(Developer)들 사이에서도 신뢰가 두터웠다. 큰 글로서리마켓 근처 상가는 개발업자들이 특별히 관리하는 지역인데 좋은 자리가 날 경우에는 통상적으로 신용이 우수한 사장에게 먼저 자리를 추천하곤 했다. 그도 몇 차례 그런 식으로 가게를 옮겼다. 장사가 잘될 때 권리금을 많이 받고 가게를 넘기고, 더 좋은 자리로 옮겨가 더 큰 성공을 이루는 식으로 몇 차례 거치면서 작은 성공을 더 큰 성공으로 만들어냈다. 마침내 허 회장은 자기 건물을 갖기에 이르렀고 부동산사업도 본격적으로 시작하게 되었다.

"저는 호기심이 많고 불편한 게 있으면 그걸 가만히 못 두는 성격입니다. 두려움이 없고요. 현실에 안주하지도 않았어요. 일을 하다 보면 당연히 문제에 부딪힐 때도 있지요. 그럴 때도 위기라고 생각 안 했어요. 위기는 사전적으로는 '위험한 시기'이지만, '위험한 동시에 기회'라고 생각하는 게 맞습니다. 문제에 부딪히면 이걸 어떻게 해결하고 극복할까 궁리하는 중에 더 큰 기회를 찾아낼 수 있으니까요. 계속 뭔가를 하고, 조금 성공하면 더 크게 해보고 그렇게 끊임없이 뭔가를 추구했어요. 그게 성공의 요인이 된 것 같습니다."

사업 성공 후 샌프란시스코에 큰 저택을 하나 샀다. 미국에 온 지 얼마 안 됐을 때 나도 저런 동네에서 한번 살아보고 싶다는 생각을 할 정도로 아름다운 부자 동네에 있는 좋은 집이었다. 하지만 성공 가도를 달리던 그에게도 한 차례 큰 고난이 찾아왔다. 아메리칸 드림을 이루었다는 흥분이 채 가라앉기도 전, 건강이 좋지 않아 병원에 갔는데 청천벽력 같은 사실을 들었다. 간암 3기라는 것이다.

죽음을 준비했다. 사업도 정리하기 시작했는데 아직 성인이 되지 않은 세 아이를 위해 사업체는 매각하지 않고 오랫동안 함께한 직원에게 인계하고 한 달에 얼마씩 가족들에게 이익금을 줄 것을 부탁했다. 그러고는 한국에 와서 강남성모병원에서 수술과 항암치료를 받았다. 그는 이식수술을 받은 끝에 완치되었다는 판정을 받았다.

"그때, 또 한 번 깨달았죠. 나는 복 받은 사람이구나. 나는 참 행복한 사람이구나."

그는 기적을 만들어내는 사나이다. 그가 이룬 성공은 도전과 갈구를 멈추지 않으며 피와 땀을 아끼지 않은 한 인간이 이루어낸 기적이다. 미국 인쇄소에서 일할 때 그는 밤 11시부터 다음 날 아침 7시까지 일하고는, 다시 9시부터 12시 반까지 영어 공부를 한 뒤 잠시 눈을 붙이고 오후 5시부터는 빌딩 청소를 했다. 그리고 다시 인쇄소에 출근을 했다. 허 회장은 그렇게 5년을 살았다. 그의 아메리칸드림은 온전히 스스로 만들어낸 기적이다.

몇 해 전 유한공고 총동문회 장학회 사업의 일환으로, 우수한 학생을 선발해 미주 총동문회 소속 선배 집에 묵게 하며 미국 체험을 시킨 적이 있다. 미주 총동문회장인 그가 직접 학생들에게 미국의 이곳저곳을 안내했는데, 그것 역시나 자신만의 스타일로 했다. 버스를 타고 관광하는 게 아니라, 골든게이트를 종주하거나 요세미티 안에서도 걷게 했다. 힘들어도 같이 걸어가자고 했다. 미국에 온다고 새 운동화를 사 신고 온 학생들은 발뒤꿈치가 다 까져버렸다고 한다.

"땀을 흘리고 힘들어야 그 순간이 오래 남습니다. 그래야 추억도 생기고 배우는 것도 생기니까요. 인생도 마찬가지예요. 저는 후배들에게 단지 좋은 구경거리를 보여주기보다 이 좋은 세상을 어떻게 살아야 하는지 알려주고 싶었어요. 후배들에게 말했습니다. '큰 꿈을 품고 꼭 이루어라. 그리고 너희도 후배들과 함께 그 꿈을 꼭 나누어라'."

그는 한국의 젊은이들이 공부하고 스펙 쌓는 데만 열중하는 걸 안타까워했다. 세상은 더 넓어졌고 할 일도 더 많아졌는데 다들 너무 '공부'로만 세상에 나가려고 한다는 것이다. 학창 시절에 배운 지식을 바탕으로 세상과 직접 부딪치며 스스로 질문하고 답하고, 해결하고 도전하면서 살아야 진짜 세상을 만날 수 있다고 말한다. 이는 자신이 유한공고에서 배우고 익힌 가치관이다. 유한학교는 탄탄한 기술력과 올바른 정신으로 세상을 사는 방법을 가르치는 학교라며, 자신이 유한공고 출신이라는 게 자랑스럽다고 거듭 말했다.

한국에서 가장 존경받는 두 기업
유한양행과 유한킴벌리

신용의 상징,
버들표 유한양행의 성장

유한양행

유한양행은 독립운동가이자 사회사업가인 유일한 박사가 "건강한 국민만이 잃었던 주권을 되찾을 수 있다"는 신념으로 1926년 설립한 제약사다. 지금까지 유한양행은 사회봉사정신을 바탕으로 성장, 발전해 왔다. 또한 제약업계 최초의 기업공개로 자본과 경영을 분리했으며, 우리나라 최초의 종업원지주제 채택, 전문경영인제 등 선진경영기법을 이 땅에 도입해 국내 기업의 새로운 길을 제시했다. 이에 유한양행의 임직원들은 가장 좋은 상품의 생산, 성실한 납세, 기업이윤의 사회환원 정신을 최고의 가치로 생각하며 실천하고 있다.

특히 유한양행은 국내 최고 수준의 연구개발(R&D) 역량과 국민적인 신뢰를 받는 기업이미지를 바탕으로 우수의약품을 보급하고 있으며, 국제적 수준의 원료의약품, 생활용품 및 건강기능식품 등 인류의 보건수준을 높이기 위한 지속적인 노력을 펼치고 있다.

유한양행은 기업의 사회적 책임을 완수하기 위하여 높은 비율의 배당정책 및 무상증자로 최대주주인 유한재단과 유한학원의 사회공헌활동을 지원하는 등 간접적으로 기업 이윤을 사회에 환원하고 있으며, 이는 일회성이 아닌 지속적인 사회공헌이 가능하도록 시스템화 되어 있다. 또한 유한양행은 창업 이래 무적자 지속 기업으로 매년 높은 매출성장과 성실한 납세로 국가경제발전에 기여하며, 공정경쟁을 통한 건강한 상거래를 유지하고, 환경친화경영으로 환경보호에 앞장서고 있다. 또한 1사 1탐방로 지원 등 지역사회를 비롯한 사내외 사회공헌활동도 적극 참여하고 있다.

대표적인 것이 '한마음 사랑회'와 '노동조합 사랑 나눔회'다. 각각 300여 명과 100여 명이 회원으로 가입돼 있는 동호회(유한양행 임직원 총수는 약 1500여명)로 어려운 이웃이나 소외 계층을 돕고 있다. 사업지원본부(공장) 간부들이 주축이 된 '사랑 나누기' 모임과 생활건강사업부의 '유천사' 동아리 등이 소외계층을 위해 정기적인 방문봉사 활동을 하고 있다. 이렇게 유한양행은 유한재단을 통한 사회 환원 시스템과 유일한 박사의 공익 정신을 실천하고 있는 임직원들의 활동으로 우리나라의 모범적인 사회공헌 기업으로 기억될 것이다.

핵심원료 수출의 최강자

유한양행의 수출은 2010년 6300만 달러에서 2014년 1억 4100만 달러로 4년 만에 123퍼센트 증가했다. 수출 급증은 핵심 원료의약품(API) 수출에 힘입은 것이다. API는 완제의약품의 주요 약효 성분이다. 높은 수준의 의약품생산기술이 필요하고 국가별로 API를 등록하는 절차가 복잡해 진입장벽이 높다.

유한양행은 에이즈치료제, C형간염 치료제, 페니실린제제 등의 원료의약품을 길리어드, 로슈 등 글로벌 제약사에 공급하고 있으며 독자적으로 해외시장도 확대하고 있다. 특히 C형 간염 항바이러스제(HCV 치료제) 원료의약품의 경우 상업용 물량 공급이 본격화하고 있어 수출을 더욱 늘릴 수 있을 것으로 보고 있다.

유한양행은 현재 시스템 향상과 생산능력 확충에 집중한 결과 미국과 유럽 제약사들과 동등한 수준의 원료를 만들 수 있게 됐다. 우수한 품질의 제품을 경쟁력 있는 가격으로 공급해 다국적 제약사와의 거래를 확대해 나갈 수 있게 된 것이다. 최근 초기 연구개발 단계부터 협력하는 전략적인 동반자 지위에까지 오르게 됐다는 게 회사 측의 설명이다.

유한양행은 다국적 제약사와 신약개발 단계부터 협력해 원료 생산, 공정개발, 연구와 생산까지 일괄 처리하는 CMO(계약생산대행)

사업을 확대하고 있다. 이는 유한양행이 cGMP(미국 우수의약품 제조·관리 기준) 생산시설을 보유하고 있어 가능한 일이다. 유한양행은 2014년 항바이러스 원료수출을 위한 미국 식품의약국(FDA) 실사를 지적사항 없이 통과했다. FDA의 의약품생산 승인조건은 전 세계에서 가장 엄격한 것으로 평가받고 있다. 유럽, 일본, 호주 등 선진시장에 제품을 공급할 수 있는 생산시설을 갖췄다는 의미다.

유한양행은 독자기술을 기반으로 한 신약도 개발하고 있다. 중단기적으로는 기존 약의 효능을 개선한 개량신약을 개발하고 장기적으로는 글로벌 혁신신약을 만드는 것이 목표다.

국내 제약업계 최초 '1조클럽' 달성

유한양행은 2014년 매출 1조 원 고지를 처음 밟았다. 국내에서 제약업이 시작된 지 120여 년 만에 1조 원 돌파는 유한양행이 첫 번째 테이프를 끊은 것. 유한양행은 최근 3년 동안 이미 꾸준하게 두 자릿수 이상 성장을 기록하며 탄탄한 실적을 냈다. 국내 의약품 판매 확대와 해외 수출이 크게 성장했으며 건강생활용품과 화장품 쪽으로 사업을 다각화한 측면도 도움이 됐다.

유한양행에 다니는 직원들의 연봉은 업계에서 어떤 수준일까? 금융감독원에 제출된 2014년 사업보고서를 보면 매출액 상위 20개 제약회사 중 유한양행이 직원 1518명의 평균 연봉이 6823만원에 달해 제약업계 최고였다. 2013년 6337만원에 비해서도 평균 487만원이 오른 금액이었다. 물론 제약업계는 영업사원 활동비가 판매관리비에 포함되고, 실적에 따른 인센티브가 달라 정확한 연봉을 파악하기 힘든 부분이 있긴 하지만 최고 수준인 것은 분명하다.

유한양행은 2015년도 매출 1조 원대 매출을 달성하는 데 청신호가 켜진 상태다. 2015년 1분기 매출액은 2410억 원을 기록해 전년 동기 대비 6.7퍼센트 늘었다. 영업이익은 158억 원으로 전년보다 13퍼센트포인트 증가했다. 당기순이익 역시 337억 원을 기록해 전년 대비 11퍼센트포인트 늘었다. 회사의 대표 품목인 B형 간염치료제 비리어드와 당뇨병약 트라젠타, 고혈압약 트윈스타 등의 매출이 골고루 늘고 원료의약품 수출도 호조세를 이뤘기 때문이다. 2014년에만 900억 원대 매출을 기록해 처음으로 회사의 최대 실적 품목이 된 비리어드는 2015년 역시 기대되는 품목으로 꼽힌다. 비리어드는 2015년 3월에도 유비스트 자료 기준으로 원외처방액 94억 원을 기록하면서 1000억대 품목으로 커나갈 가능성이 높아졌다.

아울러 트라젠타도 2014년에 처음으로 800억 원의 매출을 올렸고, 트윈스타 역시 실적 성장을 보이며 회사의 간판 품목 입지를 굳혔다. 2014년 유한양행의 총 16개 품목이 연간 매출 100억 원 이상의 블록버스터급 약물로 자리 잡았다. 유한양행의 해외사업부 실적도 주목된다. 해외사업부는 2013년 매출 1343억 원을 기록했고 2014년에는 1587억 원으로 18퍼센트포인트 증가했다.

유한양행은 현재 신약개발을 위해 연간 투입하는 R&D 비용을 확대하면서 체질 개선에 나서고 있다. 유한양행은 2014년 R&D에 580억 원을 투입해 2013년, 563억 원보다 비용을 늘렸다. 현재 회사가 개발하고 있는 신약 파이프라인은 역류성식도염 치료물질을 포함해 총 19개다.

유일한 박사 기리며 장학 · 교육사업 매진

유한양행의 또 다른 강점은 지배구조다. 유한재단(공익사업), 유한학원(교육사업) 등 공익법인 30퍼센트, 기관 · 외국인 50퍼센트 지분을 소유하고 있어 공익적 성격의 기업 지배구조를 보여준다. 특히 주주 권익 확보와 기업 투명성을 높이기 위해 정례적인 주주 보고회와 신속한 재무제표 작성, 고배당 정책을 통한 주주이익 실현, 유한재단 및 유한학원을 통한 기업의 사회적 책임 완수 등 주주 존중 활동을 펼치고 있다. 또한 독립된 전문경영인의 책임경영도 유한양행만의 특징이다. 창업주 고 유일한 박사는 1969년 아들이 아닌 전문경영인에게 회사를 넘겼다. 게다가 아들과 조카를 해고해 가족을 경영진에서 배제시키기도 했다.

유한양행은 창업자의 기업가정신 계승을 가장 중요한 핵심 가치로 여긴다. 유한재단은 배당수익을 통해 장학사업과 교육지원 사업을 실시하고 있다. 유재라 봉사상도 사회공헌활동의 하나다. 유재라 봉사상은 자신의 전 재산을 유한재단에 헌납한 유재라 여사(유한양행 설립자 유일한 박사의 영애)의 삶을 기념하기 위해 1992년 유한재단이 제정한 상이다. 유한재단은 매년 간호, 교육, 복지 분야에서 헌신적인 봉사의 본을 보여온 여성 인사를 선정해 시상하고 있다. 대화와 존중을 통한 노사화합 문화 정착도 돋보인다. 유한양행은 창업 이래 무노사분규를 실현해 나가고 있으며, 노사합동연수회 등 회사와 종업원의 커뮤니케이션 진작을 위한 다양한 프로그램을 실시하고 있다.

사람이 희망이다,
유한킴벌리

ⓧ 유한킴벌리

유한킴벌리(대표 최규복)는 2015년 2월 '한국에서 가장 존경받는 기업'에 선정됐다. 무려 12년 연속이다. 한국능률협회컨설팅이 소비자, 전문가 등 1만여 명을 대상으로 실시한 '2015 한국에서 가장 존경받는 기업' 조사에서 유한킴벌리는 전체 3위에 선정됐다. 이 조사가 시작된 2004년 이후 12년 연속 탑(Top) 6에 선정된 것이다. 세부 조사항목을 살펴보면 유한킴벌리는 산업별 평가에 생활용품부문 1위에 선정됐고, 사회가치, 이미지가치, 고객가치 부문에서는 각각 2위를 차지했다. 이러한 결과는 고 유일한 박사의 영향이 매우 컸다고 유한킴벌리의 전·현직 CEO들은 종종 말하고 있다.

유한킴벌리는 명실공히 우리나라의 대표적인 생활혁신기업으로 자리 잡았다. 1970년 3월 30일 유한양행과 킴벌리클라크의 합작회사로 설립된 유한킴벌리는 국내 최초로 생리대와 미용티슈, 위생기저귀 등을 생산·공급해 국민 생활위생문화의 발전에 기여해 오고 있다. 이제는 세계적 수준의 품질과 디자인을 기반으로 국내 시장에서 가장 사랑받는 제품들을 공급하고 있다.

주요 생산 및 공급 제품은 △'하기스' 기저귀 △'크리넥스' 미용티슈 △'화이트'와 '좋은느낌' 생리대 △'뽀삐' 화장지 △'스카트' 키친타올 △'디펜드' 언더웨어 △'그린핑거' 스킨케어 △'더블하트' 육아용품 △'마이비데' 화장실용 물티슈 등이 있다. 이들 주요 제품 모두가 시장 선도제품으로 자리 잡아 소비자들의 많은 사랑을 받고 있으며, 세계적인 생산성과 품질력을 기반으로 킴벌리클라크의 글로벌 네트워크를 활용한 제품 수출도 확장하고 있다.

지난 2003년 본격적으로 시작된 수출은 점차 확장돼 현재 전세계 50여개 국에 주요 제품을 공급하면서 세계 소비자들로부터 사랑을 받고 있다. 특히 세계적 기업들의 각축장이 되고 있는 중국 프리미엄 기저귀 시장에서는 글로벌 선도 기업들과의 치열한 경쟁 속에서도 베이징, 상하이 등 주요 도시에서 60퍼센트 이상의 시장 점유율을 기록하는 등 높은 성과를 달성하고 있다.

창립 45주년, '더 나은 생활을 향한 믿음'

2015년 창립 45주년을 맞이한 유한킴벌리는 고객의 행복과 우리 사회의 건강한 성장과 함께 하기 위한 '더 나은 생활을 향한 믿음' 이란 비전을 제시하고 초일류 생활혁신기업으로 성장하기 위한 노력을 기울이고 있다. 특히 미래성장동력으로 스킨케어와 시니어 케어 사업을 집중 육성하며, 혁신적 제품과 세계 최고의 품질로 국내외 시장에서 경쟁력을 높여가고 있다. 유한킴벌리는 그 동안 우리나라 생활용품 시장을 이끌어 왔던 제품들의 기술과 혁신역량을 신기술과 결합해 보다 큰 시너지를 창출하기 위해 통합 R&D센터인 '유한킴벌리 이노베이션센터'를 설립했다. 소비자의 니즈를 신속하고 정확하게 제품에 반영한 수 있는 혁신 역량을 구축한 것이다.

유한킴벌리는 일과 삶의 조화를 통해 사원들이 행복하게 일하면서도 더 효율적이고 몰입도 높게 일하는 스마트워크를 구현함으로써 도전적이고 창의적인 기업문화를 발전시키고 있다. 유한킴벌리식 스마트워크는 가족친화경영을 기반으로 시간, 공간, 자원의 제약을 최소화하고, 보다 수평적이고 창의적인 기업문화로 일할 수 있도록 돕고 있으며, 이를 통해 일과 삶의 조화를 이룩함으로써 사원들이 보다 효율적으로 일하면서 개인 또한 행복하게 삶을 추구할 수 있도록 지원하고 있다. 유한킴벌리에서 스마트워크가 구현하고 있는 소통과 협업의 기업문화는 많은 기업과 기관의 벤치마킹 대상으로 미래 기업문화의 새로운 방향을 제시하고 있다.

1984년부터 지속된 '우리강산 푸르게 푸르게' 캠페인

우리나라 기업의 공익캠페인 중 국민들의 가장 많은 사랑을 받고 있는 '우리강산 푸르게 푸르게' 캠페인은 그 동안 국유림 나무심기, 시민참여 나무심기, 학교숲 만들기, 동북아사막화 방지, 북한 산림황폐지 복구, 여성환경리더양성 등을 통해 우리나라 숲과 환경보호 인식에 큰 기여를 해 온 우리강산 푸르게 푸르게 캠페인은 회사가 고객들로부터 가장 신뢰받는 기업 중 하나가 되는 데도 큰 기여를 해 왔으며, 2014년까지 국민 1인당 1그루에 해당하는 5천만 그루의 나무를 심고 가꾸었다. 유한킴벌리는 숲과 사람의 공존이라는 새로운 비전과 함께 또 다른 30년간의 일관되고 지속적인 캠페인을 통해 자연선진국에서 더 행복한 삶을 살아갈 미래세대를 생각하고 있다.

유한킴벌리는 급속한 고령화로 인해 위기에 직면한 우리 사회의 문제를 인식하고, 고령화 문제 해소에 기여하면서 시니어 비즈니스 육성의 기회를 창출하기 위해 2012년부터 CSV(Creating Shared Value, 공유가치창출) 경영을 도입했다. 우리나라는 2050년에 이르면 55세 이상 인구 비중이 전체인구의 절반에 육박해 고령화가 사회적으로 가장 큰 문제가 될 것으로 예상되고 있다. 유한킴벌리는 시니어 세대가 보다 활동적으로 생활하고, 스스로 생산자이자 소비자로 살아가는 것이 시니어의 행복과 고령화 문제 해소의 핵심이라는 인식으로 액티브시니어캠페인과 시니어일자리창출을 시니어사업과 연계·추진하고 있다. "시니어가 자원입니다"라는 슬로건처럼 고령화 위기를 기회로 전환하기 위한 유한킴벌리의 큰 생각이다.

유한킴벌리의 경쟁력은 어디에서 오는가?

이처럼 유한킴벌리는 한국에서 가장 존경받는 기업 중 하나로 세계적으로도 높은 조명을 받고 있다. 실제로 '유한킴벌리의 경쟁력은 어디에서 오는가?'란 화두에 대해 다양한 관심과 연구가 진행되고 있을 정도다. 경영혁신, 평생학습, 지속가능경영, 사람중심경영, 사회책임 경영 등으로 다양할뿐더러 다녀간 연구자들도 엘리자베스 에더샤임(Elizabeth Edersheim), 빅토리아 마식(Victoria Marsick),

번트 슈미트 (Bernt Schmitt) 등 경영·인력개발·마케팅 등 각 분야의 세계적 권위자들이 망라돼 있다.

엘리자베스 에더샤임은 세계적 컨설팅 회사 맥킨지의 최초 여성 파트너 중 한 명으로, 경영혁신 전문 컨설턴트다. 현대경영학의 아버지 피터드러커가 직접 부탁해 출간한 자서전《피터드러커, 마지막 통찰》로 유명하다. 빅토리아 마식은 미국 콜럼비아 대학 교수로, 인력개발(HR) 관련 논문이라면 참고문헌에 거의 빠짐없이 언급될 정도의 세계적 HR 전문가다. 번트 슈미트는 체험마케팅의 창시자이자 한국에서 광범위하게 언급되고 있는《빅 싱크 전략》의 저자로도 유명한 경영학자다.

유한킴벌리를 방문했던 이들은 각각 '혁신' '기업문화' '우리강산 푸르게 푸르게'라는 다른 주제에 관심을 가졌으며, 유한킴벌리만의 특별함과 차별성을 그 속에서 찾았다. 현대 경영활동의 모태가 된 서구의 지식인들이 찾은 유한킴벌리만의 특별함은 무엇일까?

좋은 기업문화의 실천 현장을 보고자 방문했던 빅토리아 마식 교수는 사원, 가족, 이웃, 사회가 조화롭게 성장할 수 있도록 뒷받침하고 있는 인간존중의 문화, 그리고 환경과 더불어 성장하고자 하는 기업의 철학이 유기적으로 결합돼 회사 성공의 초석이 됐다고 분석했다. 마식교수는 기업이 성공적으로 진화하기 위한 창조적·혁신적 문화는 기업이념, 비전, 전략, 리더십, 문화가 유기적으로 연계되어야 하는데 무엇보다도 인간존중, 고객만족, 사회공헌 등의 일관된 경영철학을 임직원이 공유하는 동시에 평생학습과 가족친화의 문화가 조성돼 직원들의 마음과 몸을 움직이고, 이들이 이웃과 사회를 위해 기여하고 있다는 점에서 유한킴벌리를 높이 평가했다.

기업의 사회책임 사례를 개발하기 위해 한국을 방문했던 번트 슈미트 교수는 환경의 중요성에 대한 사회적 인식이 거의 없던 시기에 첫 발을 디딘 '우리강산 푸르게 푸르게' 캠페인이 그 가치와 사회적 범위를 확대하면서 창조적으로 지속돼 왔다는 점을 높게 평가했다. 슈미트 교수도 자신의 블로그에 유한킴벌리 사례를 '한국의 빅싱크 CSR'(Big Think CSR in Korea, http://meetschmitt.typepad.com)이라고 소개하면서 최근 유행처럼 번지고 있는 그린경영과 차별화하기도 했다. 우리강산 푸르게 푸르게 캠페인은 콜롬비아 대학에서 지속가능경영의 베스트 프랙티스로 활용되고 있다.

유한킴벌리 평생학습 제도를 연구하기 위해 대전공장을 방문했던 에더샤임 박사는 유한킴벌리가 무엇보다도 주요 이해관계자인 소비자와 사원에 대한 이해가 뛰어나고, 생산현장에서의 평생학습이 혁신으로 이어지면서 강한 힘을 발휘하고 있다고 강조했다. 주요 고객층인 여성들, 특히 까다롭기로 유명한 한국 여성들이 무엇을, 언제, 어떻게 원하는지 잘 알고, 또 이해하고자 노력하는 것을 잘 알 수 있고, 이러한 소비자의 니즈를 충족하기 위해서는 생산현장이 유기적으로 작동해야 하는데 평생학습을 통해 지식근로자를 키워 높은 생산성을 유지하면서 다양한 제품들을 신속히 시장에 선보일 수 있기에 가능한 것이라고 설명하기도 했다.

이들은 오늘날 유한킴벌리가 높은 명성을 얻고 사회 구성원으로부터 신뢰를 얻을 수 있던 데에는 혁신과 사회책임을 위한 노력이 최고경영자부터 직원 개개인에 이르기까지 유기적으로 연계되고, 비전과 인간 존중의 경영철학이 기업문화를 바탕으로 지속적으로 유지되면서 발전해 왔기 때문이며, 이는 유한킴벌리가 앞으로도 창조적으로 지속해야 할 가치라고 강조하고 있다. 그들의 조언을 잊지 않는 한 유한킴벌리의 가치는 앞으로도 유효할 것이며, 유한킴벌리 만의 특별한 경영 성과와 기업 문화는 선진 경영의 본고장에서도 널리 통용되고 빛을 발할 것이다.

유일한 박사가 걸어온 길

1895년   유일한 출생

아버지 유기연과 어머니 김기복 사이에 6남 3녀 중 장남으로 평양에서 태어남.

1904년   미국 유학

대한제국 순회공사 박장현을 따라 미국 유학길에 오름. 미국 중부 네브래스카 주 커니에 정착, 침례교 신자인 두 자매의 집에서 생활.

1909년   한인소년병학교 입학

박용만이 네브래스카 헤이스팅스에 설립한 독립군 사관학교인 한인소년병학교에 입학.

1915년   헤이스팅스 고등학교 졸업

헤이스팅스 고등학교를 졸업하고, 학비 마련을 위해 디트로이트 변전소에 취직.

1916년   미시간대학교 입학

미시간대학교 상과에 입학한 뒤 학비를 벌기 위해 중국인들을 상대로 한 무역업 아르바이트를 함.

1919년	한인자유대회에서 결의문 낭독
	필라델피아 한인자유대회에서 '한국 국민의 목적과 열망을 석명 (釋明)하는 결의문'의 기초작성위원으로 선임되고, 대회장에서 직접 낭독함. 미시간 대학 상과 졸업.
1922년	라초이 식품회사 설립
	대학 동창 스미스와 동업으로 숙주나물 통조림을 생산하는 라초 이 식품회사 (La Choy Food Product Inc.) 설립.
1926년	유한양행 창립
	라초이 식품 회사 등 미국 재산을 정리한 후 부인 호미리와 귀국 하여 '건강한 국민만이 주권을 누릴 수 있다'는 신념으로 종로 2가 덕원빌딩에 유한양행 설립.
1936년	법인체 주식회사 발족
	법인체 주식회사로 발족하고 제1대 대표이사로 취임.
1941년	해외한족대회 집행위원 활동
	하와이에서 열린 해외한족대회 집행위원으로 활약. 남가주대 (USC) 대학원에서 경영학 석사학위 취득(MBA).
1942년	미국에서 독립운동 활동
	미육군전략처(OSS) 한국 담당 고문으로 활약, 이때 노벨문학상 작가인 펄벅 여사와 교류함. LA에서 재미한인들로 무장한 맹호 군 창설의 주역으로 활동.
1945년	냅코작전 조장으로 활동
	미육군전략처(OSS)의 지하항일투쟁계획인 냅코작전(NAPKO Project)에 1조 조장으로 특수군사훈련을 받으며, 국토수복작전 을 전개하려 준비했으나, 해방으로 불발. 미국 버지니아 핫스프 링에서 태평양 연안 12개국 대표가 참석해 전후문제 논의를 위 해 열린 IPR총회에 한국대표로 참석.

1946년	대한상공회의소 초대 회장

미국에서 8년 만에 귀국하여 유한양행 회장에 취임하고 대한상공회의소 초대회장 취임.

1948년	스탠퍼드 대학원 수학

스탠퍼드 대학원에서 국제법 수학.

1952년	'고려공과기술학교' 설립

소사공장에 교육사업의 시작인 고려공과기술학교 설립.

1962년	제약업계 최초 주식 상장

제약업계 최초로 주식을 상장.

1963년	개인 소유 주식 연세대와 보건장학회 기증

개인 소유 주식 1만 7천 주를 장학기금으로 연세대와 보건장학회에 기증.

1964년	유한공업고등학교 건립

학교법인 유한재단을 설립하고 영등포구 항동에 '유한공업고등학교' 건립.

1965년	개인주식 5만 6천 주 기부

'유한교육신탁기금 관리위원회'를 발족하고 개인 주식 5만 6000주를 희사하여 교육 및 장학사업 확대. 연세대로부터 명예 법학박사 학위 받음.

1970년	유한재단 설립

재단법인 '한국사회 및 교육 원조신탁기금(현 유한재단)' 설립.

1971년	유일한 박사 영면

유일한 박사 76세를 일기로 영면(3월 11일), 유언장을 통해 전 재산 사회 환원.

유일한 박사의 상훈

1963년   대통령으로부터 국가공익포장 수여

1964년   국무총리로부터 우량상공인 표창

1968년   모범납세자로 선정되어 동탑산업훈장 수훈

1970년   사회 공익에 기여한 공으로 국민훈장 모란장 수훈

1971년   국가 복지 향상에 이바지한 공으로 국민훈장 무궁화장 추서

1991년   기업 경영인의 귀감이 되어 중앙대학교로부터 참경영인상 추서

1995년   자유 독립과 국가 발전에 기여하여 건국훈장 독립장 추서

1996년   정부로부터 6월의 문화인물 및 독립운동가로 선정

1998년   조선일보, 한겨레신문, 매일경제신문 등에서 '한국을 빛낸 역
            대 인물'로 선정

유일한 박사가 평생 늘 외우고 다녔던 기도문

만물을 창조하시고 전지전능하신 주님,
베풀어 주신 은혜와 이날까지도 새 소망을 허락하심을
저희들은 겸손한 마음으로 감사드립니다.

저희들이 이 땅에서 살아가는 동안
과거의 잘못을 통하여 더욱 성장할 수 있게 도우시고,
슬픔과 후회를 저희들 마음속에서 떠나게 하시고
대신 어제의 편견이나 내일의 두려움 없이
정해진 사람의 길을 걸어갈 수 있도록
성령과 용기와 의지를 저희들 마음속에 심어 주시옵소서.

저희에게 유혹을 이겨내고
탐욕과 시기와 부러워함을 정복하게 하시고
낙심과 증오와 고통을 극복할 수 있는 힘을 허락하시옵소서.

주님, 분노와 절망과 역경의 깊은 골짜기에서 저희를 건지시고
패배와 실패와 허무감을 불식시켜 주시옵소서.

저희 의사를 표현함에 있어 자제할 수 있게 하시고
타인의 의견을 이해와 동정심을 가지고 경청하게 하시며
그들의 허물을 비판하는 것보다
그들의 미덕을 칭찬하고 인정할 줄 아는 지혜를 허락하시옵소서.

삶에 있어서 무엇이 더 중요한 것인가를 인식할 수 있고,
오늘날 저희들에게 주어진 좋은 것들을 충분히 즐기며,
명랑하고, 참을성 있고, 친절하고, 우애할 수 있는
능력을 허락하여 주시옵소서.

무엇보다도 온 인류 모두가 참된 목적을 위하여 일하고
평화로운 마음으로 이 세상을 살아갈 수 있도록
저희들의 마음을 겸손함과 이웃을 아끼고 사랑하는 마음으로
가득 채워 주시옵소서.
아멘.

유일한을 기억하다

초판 1쇄 2015년 7월 1일

지은이 | 민석기

발행인 | 노재현
편집장 | 서금선
책임편집 | 이한나
디자인 | 권오경

마케팅 | 김동현 김용호 이진규
제작지원 | 김훈일

펴낸 곳 | 중앙북스(주)
등록 | 2007년 2월 13일 제2-4561호
주소 | (135-812) 서울시 강남구 도산대로 156 jcontentree 빌딩 6, 7층

구입문의 | 1588-0950
내용문의 | (02) 3015-4513
팩스 | (02) 512-7590
홈페이지 | www.joongangbooks.co.kr
페이스북 | www.facebook.com/hellojbooks

ISBN 978-89-278-0662-2 03320